读客文化

小李飞刀 ³

九月鹰飞 (一)

古 龙 著

文匯出版社

目 录

001 / 第一章　青城死士

030 / 第二章　南海娘子

041 / 第三章　摄魂大法

068 / 第四章　红颜薄命

104 / 第五章　飞狐杨天

131 / 第六章　七岁美人

147 / 第七章　要命娃娃

169 / 第八章　金钱帮主

183 / 第九章　嵩阳铁剑

200 / 第十章　群鹰飞起

220 / 第十一章　**东海玉箫**

241 / 第十二章　**冷夜离魂**

257 / 第十三章　**海市蜃楼**

275 / 第十四章　**夺命飞刀**

291 / 第十五章　**惺惺相惜**

317 / 第十六章　**虎穴娇娃**

第一章

青城死士

晨。

久雪初晴,酷寒却使得长街上的积雪都结成冰,屋檐下的冰柱如狼牙交错,仿佛正等待着择人而噬。

可是街上却没有人,家家户户的门窗都紧紧地关着。密云低压,天地间竟似充满了一种足以冻结一切生命的杀气。

没有风,连风都似已被冻死。

童铜山拥着貂裘,坐在长街尽头的一张虎皮交椅上,面对着这条死寂的长街,心里觉得很满意。

因为他的命令已被彻底执行。

他已将这条长街辟为战场,不出半个时辰,他就要以西城老杜火烫的血,来洗清这条街上冰冷的积雪。

在那一刻到来之前,若一个人敢走上这条长街,他就要杀了这个人,若有一只脚敢踏上这条长街,他就要砍断这只脚。

这是他的城市,无论谁都休想在他的地盘上插一脚,西城老杜也休想。

除了卫八太爷外,他绝不许任何人在他面前,挡住他的路。

数十条青衣劲装的大汉,束手肃立在他身后。

他身旁却还摆着两张同样的虎皮交椅。一个脸色惨白、满面傲气的年轻人,身上披着件价值千金的紫貂,懒洋洋地靠在左面一张椅子上,用小指钩着柄镶着宝石的乌鞘长剑,不停地甩来甩去。

对他说来,这件事根本就很无聊,很无趣。

因为他要杀的并不是西城老杜这种人,这种人还不配他出手。

右面的一个人年纪更轻,正在用一柄雪亮的雁翎刀,修自己的指甲。

他显然尽量想作出从容镇定的样子来,但一张长满了青春痘的脸,却已因兴奋而发红。

童铜山很了解这年轻人的心情。

他自己第一次被卫八太爷派出来执行任务时,也同样紧张。

但是他也知道,这年轻人既然能在卫八太爷门下的十三太保中名列十二,手上的一柄雁翎刀,就必定不会令人失望。

卫八太爷门下的十三太保,徒手也没有令人失望过。

紧闭着的屋子里,忽然传出一阵孩子的哭声,划破了天地间的寂静。

哭声刚响起,就停止,孩子的嘴显然已被大人们堵住。

一条皮毛已脱落的老狗，夹着尾巴，从墙角的狗洞里钻出来，蹿过长街。

那脸上长着青春痘的少年，看着这条狗蹿到街心，眼睛里仿佛带着种很奇怪的表情，左手慢慢地伸入衣襟里，突又很快地挥出。

刀光一闪，狗已被钉死在街心，恰巧贯穿了它的咽喉，它的血流过雪地时，也同样是鲜红的。

童铜山精神一振，脱口而赞，道："好，十二弟好快的出手。"

这少年显然也对自己的出手很满意，傲然道："童老大既然已传令下去，无论是人是狗，只要敢闯到这里来，我段十二都要他的命。"

童铜山仰面大笑，道："有辛四弟和十二郎这样的少年豪杰在这里，莫说只有一个西城老杜，就算有十个，又何足惧？"

辛四却冷冷道："只怕今日还轮不到我来出手。"

他小指上钩着的长剑突然停止晃动，童铜山的笑声也突然停顿。

古老而僻静的长街另一头，已有一行人很快地走了过来。

一行二十七八个人，全都是黑短袄，紫脚裤，脚上薄底快靴，踏在冰雪上，"沙沙"地发响。

为首的一个人浓眉大眼，满面精悍之色，正是西城第一条好汉——"大眼"老杜。

看到了这个人，童铜山的脸立刻绷紧，连毛孔都似已收缩。

一个劲装佩剑的少年，突然从后面蹿出来，一步蹿到他身后，扶剑而立。

只听弓弦之声急响，后面的数十条青衣大汉，一个个都已弓上弦，刀出鞘，严阵以待。

杀气更浓，除了那一阵阵如刀锋摩擦的脚步声外，天地间再也听不见别的声音。

眼见对面这一行人已愈走愈近，谁知就在这时，街道旁一扇窄门突然被推开，十三四个白衣人鱼贯走了出来，迎上了西城老杜，其中一个人低声说了两句话，西城老杜竟一言不发，原地站住。

这一行白衣人却向童铜山走了过来，童铜山这才看出他们身上竟只穿着件白麻单衣，背后背着卷草席，手上提着根短杖，赤足穿着草鞋。

在这种酷寒的天气里，这些人看来竟丝毫没有寒冷畏缩之色，只不过手脚都已冻得发青，脸也是铁青的，青中透白的脸上，竟全没有表情，就像是死人的脸一样，显得说不出的诡秘可怕。

走过那死狗旁边时，其中一人突然俯下身，解下背后的草席，卷起了这条死狗，用本来系草席的长绳捆起，拴在木杖上，再大步追上他的同伴。

段十二的脸色已变了，左手又慢慢地伸入怀里，似乎又要发刀。

童铜山却用眼色止住了他，压低声音，道："这些人看来都透着点古怪，我们不如先摸清他们的来意再说。"

段十二冷笑道:"就算他们现在看来有点古怪,变成死人后也不会有什么古怪了。"

他嘴里虽这么说,毕竟还是没有出手。

童铜山却又沉声唤道:"童扬。"

身后那劲装佩剑的少年,立刻应声道:"在。"

童铜山道:"等一会儿你先去估量估量他们的武功,一不对就赶紧回来,千万莫死缠滥斗。"

童扬的眼睛里已发出了光,扶剑道:"弟子明白。"

只见刚才说话的那白衣人一摆手,一行人竟都在一丈外站住。

这人青黪黪的一张马脸,双眼狭长,颧骨高耸,一张大嘴不笑的时候都已将咧到耳下,装束打扮虽然也跟别人完全没什么两样,但无论是谁都能一眼就可看出,他必定是这些人之间的首领。

童铜山当然也已看出,一双发亮的眼睛,正盯在这人身上,突然问道:"尊姓大名?"

这人道:"墨白。"

童铜山道:"哪里来的?"

墨白道:"青城。"

童铜山道:"来干什么?"

墨白道:"但望能化干戈为玉帛。"

童铜山突然纵声长笑,道:"原来朋友是想来劝架的。"

墨白道:"正是。"

童铜山道:"这场架就凭你也能劝得了吗?"

墨白脸上还是全无表情，连话都不说了。

童扬早已跃跃欲试，此刻一个箭步蹿出去，厉声道："要劝架也容易，只不过先得问问我手中这柄剑答不答应。"

他一反手，"锵"的一声，剑已出鞘。

墨白连看都没有看他一眼，反而有个最瘦最小的白衣童子走了出来，竟是个十四五岁的孩子。

童扬皱眉道："你这小鬼来干什么？"

白衣童子的脸上居然也是冷冰冰的全无表情，淡淡道："来问问你的这柄剑答不答应。"

童扬怒道："就凭你？"

白衣童子道："你是用剑的，我恰巧也是用剑的。"

童扬突然也纵声狂笑，道："好，我就先打发了你再说。"

笑声中，他掌中的剑已毒蛇般刺出，直刺这白衣童子的心口。

白衣童子双手一分，竟也从短棍中抽出了柄窄剑。

童扬一招"毒蛇吐信"刺过来，他居然不避不闪，连眼睛都没有眨一眨。

只听"哧"的一声，童扬手里的剑，已刺入了他的心口。

鲜血红花般地飞溅而出时，他手里的剑，竟也刺出一招"毒蛇吐信"，刺入了童扬的心口。

突然间，所有的动作全部停顿，连呼吸都似已完全停顿。

眨眼间这一战已结束。

每个人的脸色都变了,几乎不能相信世上真有这么样的人,真有这么样的事。

鲜血雨一般落下,雾一般消散。

雪地上已多了点点血花,鲜艳如红梅。

白衣童子的脸上还是完全没有表情,只不过一双眼睛死鱼般凸出,也还是在看着童扬,眼睛里竟似还带着极冷酷的讥诮之意。

童扬的脸却已完全扭曲变形,眼睛里更充满了惊讶、愤怒、恐惧。

他死也不信世上竟真的有这种人,这种事。

他死也不相信。

他们竟这样面面相对,站在那里,突然间,两个人的眼睛全都变得空洞无神。

然后两个人竟全都倒了下去。

一个白衣人从后面慢慢地走出来,解下了背后的草席,抱起了死者的尸体,用系草席的长绳捆住,拴在短杖上,又慢慢地走了回去。

他脸上也仍然冷冰冰地全无表情,就和他的同伴刚才卷起那条死狗时完全一样。

狂风突起,从远方吹过来,风中还带着远山上的冰碴子。

但童铜山身后的大汉们,却只觉得全身在冒汗。

墨白凝视着童铜山,徐徐道:"阁下是否已肯化干戈为玉帛?"

段十二突然冲出去，厉声道："你还得再问问我这柄刀。"

一个白衣人慢慢地从墨白身后走出来，道："我来问。"

段十二道："你也是用刀的？"

这白衣人道："正是。"

他的手一分，果然从短杖中抽出了一柄刀。

段十二这才看出，他们手里的短杖，有宽有窄，有圆有扁，里面藏的兵器显然都不同。

别人用的若是剑，他们就用剑来对付；别人用的若是刀，他们就也用刀。

段十二冷笑道："好，你先看这一刀。"

他身形未转，雁翎刀已带着劲风，急削这白衣人的左肩。

白衣人居然也不避不闪，掌中刀也同样以一招"立劈华山"，急削段十二的左肩。

但段十二的武功，却显然不是童扬所能比得上的，他招式明明已用老，突然悬崖勒马，转身错步，刀锋反转，由八方藏刀式，突然变为倒打金钟，刀光如匹练般反撩白衣人的胸肋。

谁知白衣人竟也悬崖勒马，由八方藏刀式，变为倒打金钟。

他出手虽慢了半招，但段十二若不变招，纵然能将对方立毙刀下，自己也万万避不开对方的这一刀。

白衣人不要命，他却还是要命的。

他一刀削出时，已先防到了这一招，突然清啸一声，振臂而起，凌空翻身，挥刀急刺白衣人的左颈。

他这一招以上凌下，占尽先机，白衣人全身都似已在他刀风笼罩下，非但无法变招，连闪避都无法闪避。

可怕的是，他根本也不想闪避。

段十二一刀砍在他左颈上时，他的刀也已刺入了段十二的小腹。

三尺长的刀锋，竟全都刺了进去，只剩下一截刀柄。

段十二狂吼一声，整个人竟像是旗花火箭似的，直蹿上两丈。

鲜血雨点般落下来，一点点全都落在这白衣人身上。

他的一身白衣突然间已被染红，但脸上却还是冷冰冰的全无表情，直等段十二人从半空中跌下来，他才倒下去。

对他来说，死，就像是回家一样，根本就不是件值得畏惧的事。

童铜山脸色已变了，霍然长身而起，厉声道："这算是什么武功？"

墨白淡淡道："这本就不能算什么武功。"

童铜山怒道："这算什么？"

墨白道："这只能算一点教训。"

童铜山道："教训？"

墨白道："这教训告诉我们，你若一定要杀别人，别人也同样能杀你。"

辛四突然冷笑道："只怕未必。"

他还是用小指钩着剑上的丝带，慢慢地走了出来，剑鞘拖在冰雪上，发出一阵阵刺耳的摩擦声。

可是他惨白的脸上，却似已有了光彩，眼睛里也在发着光，冷冷道："我若要杀你时，你就休想能杀得了我。"

一个白衣人淡淡道："只怕未必。"

四个字说完，他的人已到了辛四面前，身手显然比刚才两人快得多。

辛四道："未必？"

白衣人道："无论多辛辣狠毒的剑法，都有人可破的。"

辛四道："杀人的剑法，就无人能破。"

白衣人道："有一种人。"

辛四道："哪种人？"

白衣人道："不怕死的人。"

辛四道："你就是不怕死的人？"

白衣人道："生有何欢，死有何惧？"

辛四冷笑道："你活着就是为了要准备死的？"

白衣人道："是的。"

辛四道："既然如此，我不如就成全了你。"

他的剑突然出鞘，眨眼间已刺出七剑，剑风如破竹，剑光如闪电，只见满天剑影如花雨，令人根本就无法分辨他的出手方位。

白衣人也根本就不想分辨，也不想闪避，只是静静地站在那里，静静地等着。

他根本早已准备要死的，对方的剑无论从什么地方刺过来，他根本就不在乎。

辛四七剑刺出，这白衣人竟连动都没有动，辛四的剑一发即收，七剑都被逼成了虚招，突然一滑步，已到了白衣人旁边。

他已算准了这部位正是白衣人的死角，没有人能在死角中出手。

他要杀这个人时，绝不给一点机会让这个人杀他。

这一招刺出，虚招已变成实招，剑光闪电般刺向白衣人的背脊。

只听"哧"的一声，剑锋已入肉。

他甚至可以感觉到剑锋在摩擦着对方的骨头。但就在这时，他赫然发现这一剑并没有刺上对方背脊，却刺上了对方的胸膛。

就在他招式已用老的那一刹那间，白衣人竟突然转身，以胸膛迎上了他的剑锋。

没有人能想到这一招，无论谁也不会用自己的血肉之躯来抵挡剑锋。

但这白衣人竟以他自己的身体做武器。

辛四的脸色变了，用力拔剑，剑锋赫然已被对方的肋骨夹住。

他想撒手时，白衣人的剑已无声无息地刺了过来，就像是个温柔的少女，将一朵鲜花慢慢地插入瓶中一样，将剑锋慢慢地刺入了他的胸膛。

他甚至连痛苦都没有感觉到，只觉得胸膛上一阵寒冷。

然后他整个人就突然全部冷却。

鲜血红花般地飞溅出来,他们面对面地站着,你看着我,我看着你。

白衣人脸上还是全无表情,辛四的脸上却已因惊惧而扭曲变形。

他的剑法虽然比童扬高得多,出手虽然比童扬快得多,但结果却是同样的。

这一战突然已结束。

童铜山霍然站起,脸上已全无血色。

他并不是没有看过杀人,也不是没有看过人被杀。

但他却从未想到过,杀人竟是件如此惨烈、如此可怕的事。

杀人或被杀都同样惨烈,同样可怕。

他突然觉得想呕吐。

墨白凝视着他,慢慢道:"你若要杀人,别人也同样能杀你,这教训你现在想必已经相信了。"

童铜山慢慢地点了点头,什么话都没有说,因为他根本已无话可说。

墨白道:"似乎你也该明白,杀人和被杀往往会同样痛苦。"

童铜山承认,他已不能不承认。

墨白道:"那么你为何还要杀人?"

童铜山双眉紧皱,忽然道:"我只想明白,你们这么样做,究竟是为了什么?"

墨白道:"不为什么。"

童铜山道:"你们不是老杜找来的?"

墨白道:"不是,我既不认得你,也不认得他。"

童铜山道:"但你们却不惜为他而死?"

墨白道:"我们也不是为他而死的,我们死,只不过是想要别人活着而已。"

他看了看血泊中的尸体,又道:"这三个人虽已死了,但却至少有三十个人,可以因他们之死而活下去,何况,他们本来也不必死。"

童铜山吃惊地看着他,道:"你们真是从青城来的?"

墨白道:"你不信?"

童铜山实在不信,他只觉得这些人本该是从地狱中来的。

世上本不该有这种人。

墨白道:"你已答应?"

童铜山道:"答应什么?"

墨白道:"化干戈为玉帛。"

童铜山忽然叹了口气,道:"只可惜我就算答应也没有用。"

墨白道:"为什么?"

童铜山道:"因为还有个人他不会答应。"

墨白道:"谁?"

童铜山道:"卫八太爷。"

墨白道:"你不妨叫他来找我。"

童铜山道:"到哪里去找?"

墨白冷淡的目光忽然凝望远方,过了很久,才慢慢道:"长安城里,冷香园中的梅花,现在想必已开了……"

卫八太爷心情好的时候,也会像普通人一样,微笑着拍你的肩膀,说一些他自己认为得意的笑话。

但他愤怒时,他就会变得和你认得的任何人都不一样了。

他那张通常总是红光满面的脸,突然就会变得像是一头饥饿而愤怒的狮子的面孔,眼睛里也会射出一种狮子般凌厉而可怕的光芒。

他的人看来简直已变成头怒狮,随时随刻都会将任何一个触怒他的人抓过来,撕成碎片,再一片片吞下去。

现在正是他愤怒的时候。

童铜山皱着眉头,站在他面前,这威震一方的武林大豪,现在却像是突然变成了只羔羊,连气都不敢喘。

卫八太爷用一双布满红丝的眼睛瞪着他,咬着牙道:"你说那婊子养的混蛋叫墨白?"

童铜山道:"是。"

卫八太爷道:"你说他是从青城来的?"

童铜山道:"是。"

卫八太爷道:"除此之外,你就什么都不知道了?"

童铜山的头弯得更低,道:"是。"

卫八太爷喉咙里发出怒狮般的低吼道:"那婊子养的

杀了我两个徒弟,你却连他的来历都不知道,你还有脸来见我,我杀死你亲娘奶奶。"

他突然从椅子上站起,冲过来,一把揪住童铜山的衣襟,一下子就撕成两半,接着又正正反反,给了童铜山十七八个耳刮子。

童铜山的嘴角已被打得不停地流血,但看来却连一点愤怒痛苦的表情都没有,反而好像觉得很欢喜,很安心。

因为他知道卫八太爷打得愈凶,骂得愈凶,就表示还将他当作自己人。

只要卫八太爷还将他当作自己人,他这条命就算捡回来了。

卫八太爷若是对他客客气气的,他今天就休想活着走出这屋子。

十七八个耳光打完,卫八太爷又给他肚子上添了一脚。

童铜山虽已被打得一脸血,一头冷汗,却还是乖乖地站在那里,连动都不敢动。

卫八太爷总算喘了口气,瞪着他怒吼道:"你知不知道小四子他们是去帮你杀人的?"

童铜山道:"知道。"

卫八太爷道:"现在他们已被人弄死,你反而活蹦乱跳地回来了,你算是个什么东西?"

童铜山道:"我不是个东西,可是我也不敢不回来。"

卫八太爷道:"你个王八蛋,你不敢不回来?你难道不会夹着尾巴逃得远远的，也免得让我老人家看着生气。"

童铜山道："我也知道你老人家会生气，你老人家要打就打，要杀就杀，我都没话说，但若要我背着你老人家逃走，我死也不肯。"

卫八太爷瞪着他，突然大笑，道："好，有种。"

他伸手搂住了童铜山的肩，大笑："你们大家看着，这才是我的好儿子，你们全都该学学他，做错事怕什么？他奶奶的有谁这一辈子没做错过事，连我卫天鹏都做错过事，何况别人。"

他一笑，大厅里十来个人立刻全都松了口气。

卫八太爷道："你们有谁知道墨白那婊子养的是个什么东西？"

这句话虽然是问大家的，但他的眼睛却只盯在一个人身上。

这人白白的脸，留着两撇小胡子，看来很斯文，也很和气。

不认得他的人，谁也看不出这斯斯文文的白面书生，就是卫八太爷门下第一号最可怕的人物，黑白两道全都闻名丧胆的"铁锥子"韩贞。

他这人的确像是铁锥子，无论你有多硬的壳，他都能把你钻出个大洞来。

但看起来，他却绝对是个温和友善的人，脸上总是带着安详的微笑，说话的声音缓慢而稳定。

他确定了没有别人回答这句话之后，才慢慢道："多年前，有一家姓墨的人，为了避祸而隐居到青城山，墨白也许就是这一家的人。"

卫天鹏又笑了，睥睨四顾，大笑道："我早就说过，天下的事，这小子好像没有一样不知道的。"

韩贞微笑道："但我却也不知道他们究竟隐居在青城山里的什么地方，多年以来，从未有人找到他们的隐居处，只不过每隔三五年，他们自己都要出山一次。"

卫天鹏道："出来干什么？"

韩贞道："管闲事。"

卫八太爷的脸又沉了下去，他一向不喜欢多管闲事的人。

韩贞道："他们不能不管闲事，因为他们自称是墨翟的后代，墨家的弟子，本就不能做一个独善其身的隐士。"

卫天鹏皱眉道："墨翟又是个什么东西？"

韩贞淡淡道："他不是东西，是个人。"

卫天鹏反而笑了，敢在他面前顶撞他的人并不多。

就像是大多数被称为"太爷"的人一样，他也喜欢有人来顶撞顶撞他。

韩贞道："墨翟就是墨子，墨子的精神，就在于急人之难，甚至不惜摩顶放踵、赴汤蹈火的，所以墨家的弟子，绝不能做隐士，只能做义士。"

卫天鹏又沉下了脸，道："难道墨白那王八蛋也是个义士？"

韩贞笑了笑，道："义士也有很多种的。"

卫天鹏道:"哦?"

韩贞道:"有种义士,做的事看来虽冠冕堂皇,其实暗地里却别有企图。"

卫天鹏道:"他就是这一种?"

韩贞道:"看来好像是的。"

卫天鹏道:"这种义士好对付。"

韩贞道:"怎么对付?"

卫天鹏道:"宰一个少一个。"

韩贞道:"宰不得。"

卫天鹏道:"为什么宰不得?"

韩贞道:"义士就跟君子一样,都宰不得的。"

卫天鹏居然大笑,道:"不错,你若宰了他们,就一定会有人说你是个不仁不义的小人。"

韩贞道:"所以他们宰不得。"

卫天鹏瞪瞪眼道:"当然宰不得,谁说要宰他们,我就先宰了他。"

韩贞道:"何况,要宰他们也不是件容易事。"

卫天鹏道:"那王八蛋难道真的有两下子?"

韩贞道:"他本身也许并不可怕,可怕的是他手下那些死士。"

卫天鹏道:"死士?死士是什么意思。"

韩贞道:"死士的意思,就是说这些人随时都准备着为他而死。"

卫天鹏道:"那些人难道都不要命?"

韩贞点点头道:"不要命的人,就是最可怕的人;不要命的武功,就是最可怕的武功。"

卫天鹏在等着他解释。

韩贞道:"因为你杀他一刀,他也同样可以杀你一刀。"

卫天鹏显然对这解释还不满意。

韩贞道:"你的出手纵然比他快,但你杀他时,他还是可以杀了你,因为你一刀砍下,他根本就不想闪避,所以在你刀锋砍在他肉里那一瞬间,他已有足够的时间杀你。"

卫天鹏突然走过去,用力一拍他肩头,道:"说得好!说得有理!"

韩贞看着他,已明白他的意思。

不是仇人,就是朋友。

我若杀不了你,就交你这个朋友。

这不但是卫天鹏的原则,也是古往今来,所有武林大豪共同的原则。

对他们这种人来说,这原则无疑是绝对正确的。

韩贞道:"童老大说过,他们要到长安城去。"

卫天鹏慢慢地点了点头,道:"听说冷香园是个好地方,我也早就想去看看了。"

韩贞道:"冷香园占地千亩,种着万千梅花,现在正是梅花开得最艳的时候,所以……"

卫天鹏道:"所以怎么样?"

韩贞道:"墨白既然能到那里去,我们为什么不能到那里去?"

卫天鹏道:"咱们当然能去。"

韩贞道:"既然要去,不如就索性将那地方全包下来。"

卫天鹏道:"有理。"

韩贞道:"等墨白来了,我们就好好地请请他,让他看看卫八太爷的场面,他若不是呆子,以后想必就不会跟我们作对了。"

卫天鹏道:"他是不是呆子?"

韩贞道:"当然不是。"

卫天鹏扬脸大笑,道:"好,好主意。"

长廊里很安静,廊外也种着梅花。

童铜山和韩贞慢慢地走在长廊上,他们本就是老朋友,却已有多年不见了。

风很冷,冷风里充满了梅花的香气。

童铜山忽然停下来,凝视着韩贞,道:"有件事我总觉得奇怪。"

韩贞道:"什么事?"

童铜山道:"为什么只要你说出来的话,老头子就认为是好主意?"

韩贞笑了笑,道:"因为那本就是他的主意,我只不过替他说出来而已。"

童铜山道:"既然是他的主意,为什么要你说出来?"

韩贞沉吟着,道:"你跟着老头子已有多久?"

童铜山道:"也有十多年了。"

韩贞道:"你看他是个什么样的人?"

童铜山迟疑着,道:"你看呢?"

韩贞道:"我想你一定也认为他是个很粗野,很暴躁,从来也不懂得用心机的人。"

童铜山道:"他难道不是?"

韩贞道:"昔年中原八杰,纵横天下,大家都认为最精明的是刘三爷,最厉害的是李七爷,最糊涂的就是卫八爷。"

童铜山道:"我也听说过。"

韩贞笑了笑,道:"但现在最精明的刘三爷,和最厉害的李七爷都已死了,最糊涂的卫八爷却还活着,而且过得很好。"

童铜山也笑了,他当然也已明白韩贞的意思。

只有会装糊涂,也肯装糊涂的人,才是真正最精明、最厉害的。

童铜山忽又叹了口气,道:"只可惜装糊涂也不是件容易事。"

韩贞道:"的确不是。"

童铜山道:"看来你就不会装糊涂。"

韩贞苦笑道:"现在我就算真的糊涂,也不能露出糊涂的样子来。"

童铜山道:"为什么?"

韩贞道:"因为糊涂人身旁,总得有个精明人的,现在我扮的就是这个精明人。"

童铜山道:"所以只要是你说出来的,老头子就认为是好主意。"

韩贞道:"就算后来发现那并不是好主意,错的也是我,不是老头子。"

童铜山道:"所以别人恨的也是你,不是老头子。"

韩贞叹了口气,道:"所以你现在也已该明白,精明人为什么总是死得特别快了。"

童铜山忽然笑了笑,道:"但有种人一定死得比精明人还快。"

韩贞道:"哪种人?"

童铜山道:"跟老头子作对的人。"

韩贞也笑了,道:"所以我一直都很同情这种人,他们要活着实在不容易。"

冯六慢慢地走过一条积雪的小径,远远看过去,已可看见冷香园中那片灿烂如火焰的梅花。

"去把冷香园包下来,把本来住在那里的客人赶出去,无论是活的,还是死的,全都赶出去。"

这是卫八太爷的命令,也正是卫八太爷发令的典型方法。

他只派你去做一件事,而且要你非成功不可。

至于你怎样去做,他就完全不管了,这件事有多少困难,他更不管。

所有的困难,都要你自己去克服,你若不能克服,就根本不配做卫八太爷门下的弟子。

冯六正是受命而来的。

他一向是个谨慎的人，非常谨慎。

他已将所有可能发生的困难，全都仔细地想过一遍。

穿过这条积雪的小径，就是冷香园的门房，当值的管事，通常都在门房里，他希望这管事的是个聪明人。

聪明人都知道，卫八太爷的要求，是绝不容拒绝的。

冷香园今天当值的管事是个三十多岁的中年人，看来虽不太聪明，却也不笨。

"在下杨轩。公子无论是来赏花饮酒，还是想在这里流连几天，都只管吩咐。"

冯六的回答直接而简短："我们要将这里全都包下来。"

杨轩显得很意外，却还是微笑着道："这里一共有二十一个院子，十四座楼，七间大厅，二十八间花厅，两百多间客房，公子要全包下来？"

冯六道："是的。"

杨轩沉吟着，道："公子一共要来多少人？"

冯六道："就算只来一个人，也要全包下来。"

杨轩沉下了脸，冷冷道："那就得看来的是什么人了。"

冯六道："是卫八太爷。"

杨轩动容道："卫八太爷，保定府的卫八太爷？"

冯六点点头，心里觉得很满意，卫八太爷的名头，毕竟是很少有人不知道的。

杨轩看着他，眼睛里忽然露出种狡猾的笑意，说道："卫八太爷的吩咐，在下本来不敢违背的，只不过……"

冯六道："不过怎么样？"

杨轩道："刚才也有位客官要将这地方包下来，而且出了一千两银子一天的高价，在下还没有答应，现在若是答应了公子，怎么去向那位客官交代？"

冯六皱了皱眉头，道："那个人在哪里？"

杨轩没有回答，目光却从他肩头上看了过去。

冯六回过身，就看见了一张青中透白，完全没有表情的脸。

一个人就站在他身后的屋角里，身上穿着件很单薄的白麻衣衫，背后背着卷草席，手里提着根短杖。

冯六刚才走进来时，并没有看见这个人，现在这个人竟然也没有看见他，一双冰冰冷冷，完全没有表情的眼睛，仿佛正在凝视着远方。

这世上所有的一切人、一切事，好像都没有被他看在眼里。他关心的仿佛只是远方虚无缥缈处一个虚无缥缈的地方。只有在那里，他才能获得真正的平静安乐。

冯六只看了一眼，就转回身。他已知道这个人是谁了，并不想看得太仔细，更不想跟这个人说话。他知道无论同这个人说什么，都是件非常愚蠢的事。

杨轩的眼睛里，还带着那种狡猾的笑意。

冯六微笑道："你是做生意的？"

杨轩道："在下本就是个生意人。"

冯六道："做生意是为了什么？"

杨轩笑道："当然是为了赚钱。"

冯六道："好，我出一千五百两银子一天，再给你一千两回扣。"

他知道和生意人谈交易，远比和一个不要命的人谈交易容易得多。

在卫八太爷手下多年，他已学会了如何下正确的判断和选择。

杨轩显然已被打动了，却听那白衣人冷冷道："我出一千五百两，再加这个。"

冯六只觉得身后突然有冷森森的刀风掠过，忍不住回过头。

白衣人已从短杖里抽出柄薄刀，反手一刀，竟在腿股间削下了一片血淋淋的肉，慢慢地放在桌上，脸上还是全无表情，竟似完全不觉得痛苦。

冯六看着他，已可感觉到眼角在不停地跳，过了很久，才深深道："这价钱我也出得起。"

白衣人一双冷漠空洞的眼睛，只看了他一眼，又凝视着远方。

冯六慢慢地抽出柄短刀，也在自己腿股间割下了一片肉。他割得很慢，很仔细。他无论做什么事，都一向很仔细。肉割下虽然很痛苦，但卫八太爷的命令若无法达成，就一定会更痛苦。这一次他的判断和选择也同样正确，也许他根本就没什么选择的余地。

两片血淋淋的肉放在桌上，杨轩的人已经软了下去。

白衣人又看了冯六一眼，突然挥刀，割下了自己的一只耳朵。

冯六只觉得自己的臂膀已僵硬,他割过别人的耳朵,当时只觉得有种残酷的快意。但割自己的耳朵,就是另外一回事了。他本可挥刀杀了这白衣人,可是韩贞的话他也没有忘记。

——你的出手纵然比他快,但你杀他时,他还是可以杀了你。

谨慎的人,大多数都珍惜自己的性命,冯六是个谨慎的人。他慢慢地抬起头,割下了自己的耳朵,割得更慢,更仔细。

白衣人的肩上已被他自己的鲜血染红,一双冷漠空洞的眼睛里,竟忽然露出种残酷快意的表情,冯六的这只耳朵,就好像是他割下来的一样。

两只血淋淋的耳朵放在桌上,杨轩似已连站都站不住了。

白衣人望望冯六耳畔流下的鲜血,冷冷道:"这价钱你也出得起?"

他突然挥刀,向自己左腕上砍了下去。

冯六的心也已随他这一刀沉下。就在这时,他忽然感觉到一阵风吹过,风中仿佛带有种奇异的香气。然后他就看见了一个人。

一个女人。

一眼看过去,冯六只觉得自己从来也没有看过这么美丽的女人。她就像是被这阵风吹进来的。

白衣人看见她时,立刻就发觉自己握刀的手已被她托着。

她也正在微笑着,看着他,多么温柔而甜蜜,说话的声音也同样甜蜜:"刀砍在肉上,是会疼的。"

白衣人冷冷道:"这不是你的肉。"

这美丽的女人柔声道:"虽然不是我的肉,我也一样会心疼。"

她春笋般的纤纤手指轻轻一拂,就好像在为她的情人从瓶中摘下一朵鲜花。

白衣人就发觉自己手里的刀,忽然已到了她的手里。

百炼精钢的快刀,薄而锋利。

她十指纤纤,轻轻一拗,又仿佛在拗断花枝,只听"咔"的一响,这柄百炼精钢的快刀,竟已被她拗断了一截。

"何况,这地方我早已包下来了,你们又何必争来争去?"

她嘴里说着话,竟将拗断的那一截钢刀,用两根手指拈起,放在嘴里,慢慢地吞了下去。然后她美丽的脸上就露出种满意的表情,竟像是刚吞下一片美味的糖果一样。

冯六怔住。他几乎不能相信自己的眼睛,甚至连白衣人的眼睛里也不禁露出了惊吓之色。世上怎么可能有这么奇怪的事,这么可怕的武功?她难道就不怕刀锋割烂她的肠胃?

这美丽的女人却又将钢刀拗下一块,吞了下去,轻轻叹了口气,微笑着道:"这把刀倒真不错,非但钢质很好,炼得也很纯,比我昨天吃的那把刀滋味好多了。"

冯六忍不住道:"你天天吃刀?"

这美丽的女人道:"吃得并不多,每天只吃三柄,刀剑也跟猪肉一样,若是吃得太多了,肠胃会不舒服的。"

冯六直着眼睛,看着她。他很少在美丽的女人面前失态,但现在他已完全没法子控制自己。

这美丽的女人看着他,又道:"像你手里这把刀,就不太好吃了。"

冯六又忍不住问:"为什么?"

她笑了笑,淡淡道:"你这把刀以前杀的人太多了,血腥味太重。"

白衣人看着她,突然转过头,大步走了出去。他不怕死,可是要他将一柄钢刀拗成一块块吞下去,他根本就做不到。没有人能做得到,这根本就是件不可思议的事。

她又笑了笑,道:"看来他已不想跟我争了,你呢?"

冯六不开口,他根本无法开口。

这美丽的女人道:"男子汉大丈夫,无论跟女人争什么,就算争赢了,也不是件光荣的事,你说对不对?"

冯六终于叹了口气,道:"请教尊姓大名,在下回去也好交代。"

她也叹了口气,道:"我只不过是个丫头,你问出我名字,也没用的。"

这个风华绝代、美艳照人、武功更深不可测的女人,竟只不过是个丫头。

她的主人又是个什么样的人物?

"你不妨回去转告卫八太爷,就说这地方已被南海娘子包下来了,他老人家若是有空,随时都可以过来玩几天。"

冯六道:"南海娘子?"

这美丽的女人点点头,道:"南海娘子就是我的主人,你回去告诉卫八太爷,他一定知道的。"

第二章

南海娘子

卫八太爷愉快时和愤怒时，若是变为不同的两个人，那么他现在的样子，就是第三个人了。从来也没有人看见过他现在这么样紧张，这么样惊讶，甚至连他那张总是红光满面的脸，现在都已变成了铁青色。

"南海娘子！难道她真的还没有死？"

他握紧双拳，声音里也充满了紧张和惊讶，甚至还仿佛带有种说不出的恐惧。

没有人敢出声。谁也想不到这世上居然还有使卫八太爷紧张恐惧的人。

卫天鹏突又瞪起眼睛，大声道："你们知不知道南海娘子是什么人？"

这句话他虽然是问大家的，但眼睛却还是盯在韩贞一个人身上。但这次却连韩贞也没有开口。

卫天鹏已冲过来，一把揪住他衣襟，厉声道："你连南海娘子都不知道，你还知道什么？"

韩贞的脸忽然也变得像是那些白衣人一样，完全没有表情，一双眼睛也仿佛在凝视着远方。

卫天鹏瞪着他,脸上的怒容似在渐渐退了,抓住他衣襟的手也渐渐松开,忽然长长叹了口气,道:"这也不能怪你,你年纪还轻,南海娘子颠倒众生,纵横天下时,你只怕还没有生出来。"

他忽又挺起胸,大声道:"但我却见过她,普天之下,亲眼看见她真面目的,除了我卫天鹏之外,绝不会再有第二个人。"

他脸上又开始发出了红光,能亲眼见到南海娘子的真面目,竟好像是件非常值得骄傲的事。

每个人心里都想问:这南海娘子究竟是什么人?长得究竟是什么样子?

这句话当然并没有人敢真的问出来,在卫八太爷面前,无论任何人都只能回答,不能发问,卫八太爷一向不喜欢多嘴的人。世上又有谁喜欢多嘴的人?

卫天鹏突又大声道:"南海娘子就是千面观音,这意思就是说,她不但有千手千眼,还有一千张不同的脸。"

他忽然问冯六:"你遇见的那个女人,长得什么样子?"

冯六道:"长得好像还不错。"

卫天鹏道:"是长得不错,还是非常漂亮?"

冯六垂下头道:"是非常漂亮。"

卫天鹏道:"她看起来有多大年纪?"

冯六的头垂得更低,他忽然发现自己竟没有看出那女人的年纪。他第一眼看见她时,只觉得她虽然还很年轻,但至少也有二十五六。后来听见她说话,他又觉得她好像只不过是个十五六岁的小姑娘。但当他又看了她两眼时，就发现她眼角似已有了皱纹，应该已有三十多了。现在想起来，她以手拗钢刀，口吞刀锋那种功夫，若没有练过四五十年苦功，又怎会有那么深的火候？

卫天鹏道："你看不出她有多大年纪？"

冯六垂下头，垂得更低。

卫天鹏突然一拍巴掌，道："这女人很可能就是千面观音。"

冯六忍不住道："她退隐若已有三四十年，现在岂非已应该是个老太婆？"

卫天鹏笑道："她十七八岁时，就有人认为她是个老太婆，过了二三十年后，却又有人说她只不过是个小姑娘。"

冯六怔住，他实在想不通。

卫天鹏道："这个人化身千百，你看见过的任何一个人，都可能是她改扮的，据说有一次少林普法大师在泰山讲经，听经的人，其中还有几位是普法大师的老朋友，听了两天两夜后，忽然又有个普法大师来了，于是这才有人知道，先前讲经的那普法大师，竟是南海娘子。"

这种事简直像是神话，几乎没有人能相信，但每个人都也知道，卫八太爷是从不说谎的。

卫天鹏道："无论谁只要看过南海娘子的真面目一眼，都必死无疑，所以就算在她声名最盛时，也没有人知道她是个什么样的人，只有我知道……只有我知道……"

他声音愈说愈低，脸上忽然露出种很奇怪的表情，过了很久,才缓缓道:"她接放暗器和小巧擒拿的功夫,在当时已没有人能比得上,易容术之精妙,更是前无古人,后无来者,但就在她声名最盛时,却忽然失踪了,谁也不知道是为了什么,更不知道她去了哪里。这三十年来,江湖中从来也没有人再听到过她的消息,连我都没有听到。"

大家面面相觑,更不敢说话。现在每个人都已看出来,卫八太爷和南海娘子之间,必定有种神秘而不同寻常的关系。但大家心里却更好奇。

"这南海娘子既然已失踪了三十年,为什么又突然出现了呢?"

也不知过了多久,卫天鹏突然大声道:"老幺,你过来。"

一个穿着银狐坎肩,长身玉立的少年,应声走了出来。

他的衣着很华丽,剪裁得也非常合身,一张非常漂亮的脸上,不笑时也仿佛带着三分笑意,看来显然很讨女人喜欢,只不过眼睛里带有些红丝,经常显得有点睡眠不足的样子。

也许每一个能讨女人欢心的少年,都难免有点睡眠不足的。

这少年也正是卫八太爷门下十三太保中的老幺,"粉郎君"西门十三。

卫天鹏用一双刀锋般的眼睛盯着他,过了很久,才冷冷道:"八月中秋的那天晚上,你是不是交了一个叫林挺的朋友？"

西门十三仿佛有点吃惊，却终于还是垂头承认："是的。"

卫天鹏道："自从你跟那婊子养的搭上了之后，这四个月来，你做了些什么？"

西门十三的脸突然涨红，似乎连话都说不出来。

卫天鹏冷笑道："我也知道你不敢说，好，韩贞，你替他说。"

韩贞想也不想，立刻就慢慢地说："八月二十的那天晚上，他们到官库那里借了三万两银子。三十那天，他们又去借了一次。"

卫天鹏冷笑道："十天就花了三万两，这两个王八蛋出手倒大方。"

韩贞又接着说下去："九月初六晚上，他们在醉中和从关外来的昆仑子弟争风，当时虽然忍了口气，但等到昆仑三侠知道他们的来历，连夜逃走了之后，他们却追出八十里，将昆仑三侠杀得一个不留。"

卫八太爷冷冷道："看来昆仑门下的弟子，自从龙道人死了后，就一代不如一代了。"

韩贞道："杀了人之后，他们的兴致反而更高，竟乘着酒兴，闯入石家庄，将一双才十四岁的孪生姐妹架出来，陪了他们一天一夜。"

听到这里，西门十三的眼睛里已露出乞怜之色，不停地悄悄向韩贞打眼色。

但韩贞却像是没有看见，接着又道："从此之后，他们的胆子更大了,九月十三那天……"

西门十三不等他再说下去,已"噗"地跪了下来,直挺挺地跪在卫八太爷面前,他用手撕开了自己的衣襟,道:"弟子错了,你老人家杀了我吧。"

卫天鹏瞪着他,瞪了半天,突然大笑,道:"好,有种!大丈夫敢作敢当,杀几个不成材的小伙子,玩几个生得美的小姑娘,他娘的算得了什么?"

西门十三吃惊地张大了眼睛,道:"你老人家不怪我?"

卫天鹏道:"我怪你什么?那两个小姑娘若是不喜欢你,难道不会一头撞死,为什么要陪你一天一夜?若是喜欢你,又有谁管得着?小姑娘看上了小伙子,本就是天经地义的事,连天王老子都管不着。"

西门十三忍不住笑了,道:"回禀你老人家,她们前几天还偷偷地来找过我。"

卫天鹏又大笑,道:"男子汉活在世上,就得要有胆子杀人,有本事勾引小姑娘,否则还不如一头撞死算了。"

他笑声突然停顿,瞪着西门十三,道:"我既然不怪你,你知不知道我叫你出来干什么?"

西门十三道:"不知道。"

卫天鹏道:"你知不知道那婊子养的林挺,本来是什么人?"

西门十三道:"不知道。"

卫天鹏突然飞起一脚,将他踢得滚出去一丈开外,又追过去，一把揪住他的头发，把他整个人都提了起来，正正反反，给了他十七八个耳刮子，然后才问道："你知不知道我为什么要打你？"

西门十三吃吃道："不……不知道。"

他的确不知道，他简直已被打得怔住了。

卫天鹏厉声道："男子汉大丈夫，杀人放火都算不了什么，但若连自己的朋友是什么人都不知道，那才真是个活混蛋，砍头一百次都不嫌多。"

这句话刚说完，忽然间人影一闪，西门十三旁边已多了一个人。大厅里二三十双眼睛，竟全都没有看清这个人是从什么地方来的。灯光照耀下，只见这个人白白净净一张脸，瘦瘦高高的身材，长得很秀气，态度也很斯文，神情间还仿佛带着几分小姑娘的羞涩。可是他倏忽而来，落地无声，轻功之高，连十三太保中都没有一个人能比得上。

他身子一站稳，就长揖到地，道："晚辈丁麟，特来拜见八太爷。"

卫天鹏瞪着他，厉声道："你居然敢来？"

丁麟道："晚辈不敢不来。"

卫天鹏突然大笑，道："好，有种，我老人家就喜欢你们这些有种的小伙子。"

他放开了西门十三，又道："你这混蛋现在应该明白了吧，林挺就是丁麟，你能交到他这种朋友，造化总算不错。"

西门十三吃惊地看着他的朋友，每个人都在看着他这个朋友。

丁麟这名字,每个人都听见过的,但却没有人能想得到,这斯斯文文,像小姑娘一样的少年,居然就是武林后起一代高手中,轻功最高的"风郎君"丁麟。

——除了韩贞和卫八太爷外,的确没有别人能想得到。

丁麟的脸却已红了。

卫天鹏道:"我揍这小混蛋,为的就是要把你扯出来。"

丁麟红着脸道:"却不知前辈有何吩咐?"

卫天鹏道:"我有件事要你替我去做,这件事非要你去做不可。"

他的表情忽又变得严肃,接着道:"可是我也不想要你去送死,所以,我还想看看你的轻功究竟怎么样。"

丁麟迟疑着,他的肩没有耸,臂没有举,仿佛连指尖都没有动,但就在这时,他的人忽然像燕子般飞了起来,又像是一阵风似的,从众人的头顶上吹过。等到这阵风吹回来的时候,他的人竟又好好地站在原来的地方,手里却又多了盏灯笼。这盏灯笼本来是高悬在屋外一根竹竿上的,这竹竿至少有三丈多高,距离他站着的地方,至少有五六丈远。

可是他倏忽来去,连气都没有喘。

卫天鹏抚掌大笑,道:"好,别人都说'风郎君'轻功之高,已可名列在天下五大高手之中,今日一见,果然名不虚传。"

他用力拍着丁麟的肩,又道:"你这样的轻功,尽可去得了。"

丁麟忍不住问道:"到哪里去?"

卫天鹏道:"到冷香园去,看看那南海娘子究竟是真是假?"

丁麟的脸色突然苍白。

卫天鹏道:"你知道南海娘子?"

丁麟点点头。

卫天鹏道:"你也知道她的厉害?"

丁麟又点点头。

卫天鹏又盯着他看了半天,突又问道:"你师父是什么人?"

丁麟迟疑着,忽然走上两步,在他耳旁轻轻说了个名字。

卫天鹏立刻动容,道:"这就难怪你知道了,昔年天山一战,你师父也曾领教过她的手段。"

丁麟道:"家师常说,南海娘子的轻功与暗器,天下无人能及,晚辈只怕……"

卫天鹏道:"你只怕去得了,回不来?"

丁麟红着脸,道:"晚辈虽不敢妄自菲薄,却还有点自知之明。"

卫天鹏道:"但有件事却是你不知道的。"

丁麟道:"请教。"

卫天鹏道:"南海娘子为了要驻颜长生,练了种很邪门的内功,但也不知为了什么,却没有练好,所以一到子午正时,真气就会突然走岔,至少有半盏茶的时候,全身僵木,连动都不能动。"

丁麟静静地听着。

卫天鹏道:"可是她的行踪素来很隐秘,真气走岔的这一刻,时间又非常短,所以虽然有人知道她这唯一的弱点,也不敢去找她的。"

他慢慢地接着道:"现在我们既已知道她这几天必定在冷香园,你的轻功又如此高明,只要能找到她的练功处,就不妨在子午正时那一刻,想法子进去揭开她的面具来……"

丁麟忍不住道:"面具?什么面具?"

卫天鹏道:"她平时脸上总是戴着个面具的,因为她没有易容改扮时,也从不愿以真面目示人。"

丁麟道:"既然没有人见过她的真面目,晚辈纵然能揭开她的面具,也同样分不出她是真是假。"

卫天鹏道:"我见过她的真面目,她脸上有个很特别的标记,你只要能看见,就一定能认出来。"

丁麟道:"什么标记?"

卫天鹏也突然俯身,在他耳旁说了两句话。

丁麟的脸色变了变,又迟疑了很久,才试探着道:"前辈既然见过她的真面目,想必是她的朋友,为什么不自己去看看她是真是假?"

卫天鹏面上突又现出怒容,厉声道:"我叫你去,你就得去,别的事你最好少管。"

丁麟不说话了,卫八太爷盛怒时,没有人敢说话。

卫天鹏瞪着他，厉声道："你去不去？"

丁麟叹了口气，道："晚辈既然已知道了这秘密，想不去只怕也不行了。"

卫天鹏突又大笑，道："好，你果然是个聪明人，我老人家一向喜欢聪明人……"

他用力拍着丁麟的肩，又道："只要你去，别的无论什么事，我都答应。"

丁麟忽然也笑了笑，道："现在晚辈只想求前辈答应一件事。"

卫天鹏道："什么事？"

丁麟道："晚辈想打一个人。"

卫天鹏道："你要打谁？"

韩贞忽然叹了口气，道："我。"

丁麟果然已转过身，慢慢地走到他面前，微笑着道："不错，我的确是想打你。"

他笑得还是很温柔、很害羞的样子，可是他的手却已突然挥出，一拳打在韩贞的鼻梁上。

韩贞整个身子已被打得飞了出去。

丁麟这才转回身，向卫八太爷一揖到地，微笑着道："晚辈这就到冷香园去，五天之内，必有消息。"

"消息"两个字说出来，他的人已不见了。

卫天鹏居然也叹了一口气，喃喃道："这一代的年轻人，好像比我们那一代还不是东西，这倒真是件要命的事……"

第三章

摄魂大法

高墙,寒夜。

高墙下的角门里,忽然有一个人慢慢地走出来,非常英俊的一张脸,已被打肿了半边。正是那风流成性的西门十三。

他一走出这条巷子,就有辆雪亮的黑漆马车,疾驰而来,骤然在他身旁停下。

车门一开,他就跳了进去,车厢里已有一杯酒在等着他。

一杯温得恰到好处的陈年女儿红,一双比女儿红更醉人的姐妹花。

姐姐看起来,就好像是妹妹的影子,妹妹虽娇憨,姐姐更动人。

一个少年人拥着貂裘,端着金杯,懒洋洋地依偎在姐姐怀里,却将妹妹推给了西门十三,笑道:"这小子今天挨了揍,你赶快好好地安慰安慰他。"

妹妹已在轻吻着西门十三被打肿了的那半边脸。

马车又疾驰而去,驰向长安。

寒风如刀,已是岁末,车厢里却温暖如春天。

西门十三一口气喝下那杯酒,才看了那坐拥貂裘的少年一眼,道:"你知道我会来?"

这少年人当然就是丁麟,只不过现在看来却已不像是刚才那个人了。

刚才那个丁麟,是个很斯文、很害羞的少年,现在这个丁麟,却是个放荡不羁的风流浪子。

他的眼角瞟着西门十三,懒洋洋地笑着,道:"我当然知道,那老王八蛋不叫你来等我的消息,还能叫谁来?"

西门十三也笑了,道:"你既然很有种,刚才为什么不敢当着他的面,骂他老王八蛋?为什么要装成那种龟孙子的样子?"

丁麟淡淡道:"因为我怕你这龟孙子的脸被他打成烂柿子。"

姐姐妹妹都吃吃地笑了。

她们的年纪都不大,可是看她们身材,就算是瞎子,也看得出她们都已不再是孩子。

西门十三又笑道:"不管怎么说,你刚才揍韩贞,揍得真痛快。"

丁麟道:"其实我不该揍他的。"

西门十三道:"为什么?"

丁麟道:"因为他说的话,全都是那老王八蛋叫他说的,他只不过是个活傀儡而已。"

他冷笑了一声，又道："那王八蛋其实是个老狐狸，却偏偏要装成老虎的样子，只可惜他能瞒得过别人却瞒不过我。"

西门十三叹了口气，道："难怪老头子说你厉害，他果然没有看错。"

丁麟冷冷道："这一代的年轻人，能在江湖中成名的，有哪个不厉害，真正厉害的，他只怕还没有看见哩。"

西门十三道："江湖中难道还有像你这么厉害的人？"

丁麟道："像我这样的人，至少还有十来个，只有你们这些龟孙子，整天躲在老头子的裤裆里，外面的天有多高，地有多厚，你们连影子都摸不到。"

他冷笑着，又道："我看你们十三太保，是吃得太饱了，所以撑得头晕脑涨，老头子放个屁，你们都以为是香的。"

西门十三非但没有生气，反而叹了口气，苦笑道："近来我们的确吃得太饱，日子也过得太舒服了，所以一出了事，就死了两个。"

丁麟道："在你看来，那也算是件大事？"

西门十三道："虽然不大，也不太小，至少连老头子都已准备为这件事出手了。"

丁麟道："哦？"

西门十三道："就因为他已准备出手，所以才找你到冷香园去探听消息。"

丁麟道："你以为他真是为了对付墨白，才想到冷香园去的？"

西门十三道："难道不是？"

丁麟道："就算根本没有墨白这个人，我保证他还是一样要到冷香园去。"

西门十三目光闪动，道："就算他不找你，你也是一样要去探听南海娘子的行踪？"

丁麟道："一点也不错。"

西门十三道："你们是为了什么呢？"

丁麟道："是为了另外一件事，那才是真正的大事。"

西门十三的眼睛亮了，道："南海娘子莫非也是为了这件事才来的？"

丁麟叹了口气，道："你总算已变得聪明了些。"

西门十三道："这件事不但能令老头子找你出手，而且还把已经失踪了三十年的南海娘子惊动出来，看来倒真是件大事。"

他的脸已由兴奋而发红，他显然也是个不甘寂寞的少年。

丁麟的眼睛也在发光，道："除了你所知道的这些人外，据我所知，五天之内，至少还有六七个人要赶到冷香园去。"

西门十三道："六七个什么样的人？"

丁麟道："当然都是很有两下子的人。"

西门十三道："他们也都知道老头子这次已准备出

手?"

丁麟淡淡道:"这些人年纪虽然都不大,却未必会将你们的老头子看在眼里。"

西门十三勉强笑了笑,道:"老头子也并不是个容易对付的人。"

丁麟道:"可是江湖中后起一代的高手,却没有几个人看得起他的,正如他也看不起这些年轻人。"

西门十三忍不住道:"不管怎么样,年轻人的经验总是比较差些。"

丁麟道:"经验并不是决定胜负的最大关键。"

西门十三道:"哦?"

丁麟道:"据我所知,这次只要是敢到冷香园去的人,绝没有一个人的武功在卫天鹏之下的,尤其是其中一个人……"

西门十三道:"你?"

丁麟笑了笑,道:"我本来当然也有雄心的,但自从知道这个人要来后,我已准备在旁边看看热闹就算了。"

西门十三皱眉道:"连你也服他?"

丁麟又叹了口气,道:"我说过,我是个很有自知之明的人。"

西门十三显得有点不服气的样子,道:"那个人究竟是谁?"

丁麟慢慢地喝了口酒,悠然道:"你有没有听说过小李飞刀?"

西门十三悚然动容,几乎连手里的酒杯都拿不稳了。

"小李飞刀!"

这四个字本身就仿佛有种慑人的威力。

西门十三失声道:"小李飞刀也要来?"

丁麟又笑了笑,淡淡道:"小李飞刀若也要来,你们的老头子和千面观音只怕都已要躲到八千里外去了。"

西门十三松了口气,道:"我也知道小李探花已有多年不问江湖中的事,有人甚至说,他也跟昔日的名侠沈浪、熊猫儿那些人一样,到了海外的仙山,啸傲云霞,成了地上的散仙。"

丁麟道:"我说的这个人虽不是小李飞刀,却跟小李飞刀有极深的关系。"

西门十三道:"什么关系?"

丁麟道:"他就是普天之下,唯一得到过小李飞刀真传的人。"

西门十三又不禁悚然动容,道:"但江湖中为什么从来也没有人听说过小李飞刀有徒弟?"

丁麟道:"因为他并没有真正拜在小李飞刀门下,他和小李探花的关系,也是最近才有人知道的。"

西门十三道:"我们怎么还不知道?"

丁麟淡淡道:"这也许只因为你们都吃得太饱了。"

西门十三苦笑,却还是忍不住问道:"这个人叫什么名字?"

丁麟又慢慢地喝了口酒,才慢慢道:"他姓叶,叫叶开。"

叶开!

西门十三沉默着，眼睛里闪闪发光，显然已决定将这名字记在心里。

丁麟又道："叶开虽然了不起，另外那些年轻人也同样很可怕。"

他忽又笑了笑，道："你是粉郎君，我是风郎君，你知不知道另外还有几个郎君？"

西门十三点点头，道："我知道有个木郎君，有个铁郎君，好像还有个鬼郎君。"

丁麟悠然道："这次你说不定也会见到他们的，只不过等你见到他们时，也许就会后悔了。"

西门十三道："后悔？"

丁麟眼睛里忽然露出种很奇怪的表情，徐徐道："因为无论谁见到这几人，都不会有好受的，所以你还是永远莫要见到他们的好。"

夜，无云无月。

马车已停在冷香园后一个草棚里，这草棚竟像是为他们准备好在这里的。

那一双可爱的孪生姐妹，都已蜷曲着身子，靠在角落里睡着了。

西门十三看着妹妹已完全成熟的胴体，忍不住叹了口气，道："今天晚上，我们难道竟歇在这里？"

丁麟点了点头，微笑道："你若已憋不住，不妨把我当作瞎子。"

西门十三也笑了，道："我倒还没有急成这样子，只奇怪你今天怎么会忽然变得如此安分的？"

丁麟道："今天晚上我有约会。"

西门十三道："有约会？跟什么人有约会？"

丁麟笑了笑，道："当然是跟一个女人。"

西门十三立刻急着问道："她长得怎么样？"

丁麟笑得很神秘，道："长得很美。"

西门十三更急了，道："难道你想一个人逍遥，把我甩在这里？"

丁麟道："你要去也行。"

西门十三笑道："我就知道你不是重色轻友的人。"

丁麟悠然道："只不过，我们这一去，未必能活着回来的。"

西门十三动容道："你约的究竟是谁？"

丁麟道："千面观音，南海娘子。"

西门十三怔住。

丁麟用眼角瞟着他，道："你还想不想去了？"

西门十三的回答倒很干脆："不想。"

他又忍不住问道："你真的准备今天晚上就去？"

丁麟道："我也急着想看看这位颠倒众生的南海娘子，究竟是个什么样的美人？"

西门十三道："那么你现在还等什么？"

丁麟道："等一个人。"

西门十三道："等谁？"

这句"等谁"刚说出来，他却已听见外面那车夫在弹指作响。

丁麟的眼睛已发光,道:"来了。"

西门十三推开车帘,却看见远处黑暗中有个人身披蓑衣,头戴笠帽,手里提着根三丈长的竹竿,竹竿在地上一点,他的人已掠起五丈,轻飘飘地落在草棚外。

丁麟忽然道:"你看他轻功如何?"

西门十三苦笑道:"这里的人看来果然都有两下子。"

这时那个人已解下了蓑衣,挂在柱子上,微笑着道:"我这倒并不是为了要炫耀轻功,只不过怕在雪地上留下足迹而已。"

丁麟道:"想不到你做事还是这么谨慎。"

这人道:"我还想多活两年。"

他慢慢地走过来,又脱下了头上的笠帽,西门十三这才看出他是个三十多岁的中年人,狐皮袍子外,还套着件蓝布罩袍,看来竟像是个规规矩矩的生意人,只不过一双炯炯有神的眼睛里,总是带着极精明而狡猾的微笑。

丁麟已微笑着道:"这位就是冷香园里的杨大总管杨轩。"

杨轩看了西门十三一眼,接着道:"这位想必就是卫八太爷门下的高足十三公子,幸会幸会!"

西门十三吃惊地看着他,忍不住道:"你就是我六哥上次来见过的那个杨轩?"

杨轩道:"是的。"

西门十三苦笑道:"他居然说你只不过是个胆小的生

意人，看来他的确吃得太饱了。"

杨轩淡淡道："我本来就是个胆小的生意人，他并没有看错。"

丁麟道："我却看错了。"

杨轩道："哦？"

丁麟笑道："我还以为你就是'飞狐'杨天哩。"

杨轩皱了皱眉，西门十三也不禁动容。

"飞狐"杨天这名字他听说过。

事实上，江湖中没有听说过这名字的人还很少，他不但是近十年来江湖中最出名的独行盗，也是近十年来轻功练得最好的一个人。

据说你就算用手铐、脚镣锁住了他，再把他全身都用牛筋捆得紧紧的，关在一间只有一个小气窗的牢房里，他还是一样能逃得出去。

像这么样一个人，居然肯到冷香园里来做管事的，当然绝不会没有企图。

他所图谋的，当然也绝不会是件很普通的事。

西门十三忽然发觉这件事虽然已变得愈来愈有趣，也同样变得愈来愈可怕了。

丁麟好像也知道自己太多嘴，立刻改变话题，道："那位南海娘子已来了？"

杨轩点点头，道："刚到。"

丁麟道："你看见了她？"

杨轩摇摇头，道："我只看见她门下的一些家丁和丫头。"

丁麟道:"他们一共有多少人?"

杨轩道:"三十七个。"

丁麟道:"那个会吃刀的女人在不在?"

杨轩又点点头,道:"她叫铁姑,在那些人里面,好像也是个管事。"

丁麟笑道:"莫忘记你也是个管事的,你们两个岂非正是天生的一对?"

杨轩板着脸,不开口。

看来他并不是个喜欢开玩笑的人。

丁麟轻叹了两声,只好又改口问道:"他们住在哪个院子里?"

杨轩道:"听涛楼。"

丁麟道:"现在距离子时整还有多少时候?"

杨轩道:"已不到半个时辰,里面有敲更的人,你一进去就可以听见。"

丁麟眼睛里又发出光,道:"看来我再喝杯酒,就可以动身了。"

杨轩看着他,过了很久,忽然道:"我们这次合伙,因为我需要你,你也需要我。"

丁麟笑道:"我们本来就是好伙伴。"

杨轩淡淡道:"但我们却不是朋友,这一点你最好记住。"

他不让丁麟再说话,就慢慢地转过身,戴起笠帽,披上蓑衣,手里的竹竿轻轻一点,人已在五丈外,然后就忽然看不见了。

丁麟目送他身影消失，微笑着道："好身手，果然不愧是'飞狐'。"

西门十三忍不住问道："他真的就是那个'飞狐'杨天？"

丁麟道："飞狐只有他这一个。"他忽然又叹了口气，苦笑道，"也幸好只有他这么一个。"

脱下貂裘，里面就是套紧身的夜行衣，是黑色的，黑得像是这无边无际的夜色一样。

丁麟已脱下了貂裘，却没有再喝他那最后的一杯酒。

他的眼睛里发光，脸上已看不见笑容，漆黑的夜行衣，紧紧裹在他瘦削而灵敏的身子上。

忽然间，他像是又变成另外一个人了。

现在他已不再是刚才那个放荡不羁的风流浪子，已变得非常沉着，非常可怕。

西门十三看着他，眼睛里也带着种很奇怪的表情，仿佛是羡慕，又仿佛是妒忌。

丁麟道："你最好就在这里等着，一个时辰之内，我就会回来。"

西门十三忽然笑了笑，道："你若不回来呢？"

丁麟也笑了笑，淡淡道："那么你就可以把她们两个全都带走——你岂非早已这么想了……"

这句话还没有说完时，他的人已消失在黑暗里。

西门十三坐在那里，连动都没有动。

他本来总以为他的武功绝不在别的年轻人之下，现在才知道自己想错了。

这一代的年轻人,远比他想象中可怕得多。

他抬起手,轻抚着自己被打肿了的脸,眼睛里又露出种很痛苦的表情。

姐姐本来好像已睡得很沉,这时却忽然翻了个身,抱住了他的腿。

西门十三还是没有动。

姐姐不是他的,妹妹才是。

谁知道姐姐又忽然在他腿上咬了一口,咬得很重,当然很痛。

但西门十三眼睛里的痛苦之色却忽然不见了。

他忽然发现一个人若想胜过别人,并不一定要靠武功的。

于是他脸上又露出微笑,微笑着将丁麟没有喝的那杯酒,一口气喝了下去……

听涛楼听的并不是海涛,是竹涛。

冷香园里除了种着万千梅花外,还有几百株苍松,几千竿修竹。

听涛楼外,竹浪如海。

丁麟伏在竹林的黑暗处,打开了系在腰上的一只革囊,拿出了一支喷筒。

喷筒里装满了一种黑色的原油,是他从康藏那边的牧人处,用盐换来的。

他旋开了喷筒上的螺旋盖子,有风吹过的时候,他就将筒中的原油,很仔细地喷出去,喷得很细密。

那雾一般的油珠,就随着风吹出,洒在听涛楼的屋檐上。

然后他就藏起喷筒,又取出十余粒比梧桐子略大些的弹丸,用食中两指之力,弹了出去,也打在对面的屋檐上。

突然间,只听"嘭"的一声,听涛楼的屋檐,已变成一片火海,鲜红的火苗,蹿起三丈开外。

远处传来更鼓,正是子时。

更鼓声被惊呼声淹没。

"火!"

数十条人影,惊呼着从听涛楼里蹿了出来,如此猛烈的火势,就连最镇静的人也难免惊惶失措。

也就在这一刹那间,丁麟已从楼后的一扇半开的窗子里,轻烟般掠了进去。

布置得非常幽静的小厅,静悄无人。

丁麟突然大呼:"火,失火了!"

没有人来,没有声音。

丁麟已推开门蹿出去,他并不知道南海娘子的练功处在哪里,所以他的动作必须快。

他还得碰碰运气。

他的运气好像还不坏,第三扇门是从里面闩起的,他抽刀挑起门闩,里面是间佛堂。

案上的铜炉里,燃着龙涎香,一缕缕香烟缭绕,使得这幽静的佛堂，更平添了几分神秘。

香案后黄幔低垂，仿佛也没有人。

但丁麟却不信一间从里面闩起门的屋子里会没有人。

他毫不犹豫，就蹿了过去，一把掀起了低垂的神幔。

他怔住。

神幔后竟有四个人。

四个穿着紫缎长袍的人，一头青丝高高绾起，脸上戴着个用檀木雕成的面具。

四个人的穿着打扮竟完全一样，全都动也不动地盘膝而坐，楼外闪动的火光，照着他们脸上狰狞呆板的面具，更显得说不出的诡秘可怖。

这四个人全都可能是南海娘子，但南海娘子却只有一个。

丁麟知道这种机会绝不会再有第二次了，他决定冒一冒险。

他蹿过去，拉开了第一人的面具。

面具下是一张苍白而美丽的脸，脸上长长的睫毛，置在紧闭着的眼睑上。

无论谁都看得出她绝不会超过二十岁，南海娘子绝不会这么年轻。

丁麟已揭起第二人的面具。

这人竟赫然是个男人，脸上还有青黢黢的胡茬子。

南海娘子当然更不会是男人。

第三个人看来虽然也很年轻，但眼角上却已有了鱼尾般的皱纹。

第四个人是个满面皱纹，连嘴都已瘪了下去的老太婆。

丁麟怔住。

他并没有看见他想看到的那张脸，但这时他无法再停留下去。

他一转身，人已随着这转身之势跃起，就在这时，他仿佛看见那脸上长着胡茬子的男人手动了动。

他知道不对了，想闪避，但这人的出手竟快得令人无法思议。

他刚看见这人的手一动，已觉得腰上一阵刺痛，就像是被尖针轻轻刺了一下。

然后他就跌了下去。

佛堂里还是同样幽雅，外面闪动的火光已灭了，铜炉中香烟缭绕，却已换了种清淡的沉香木。

丁麟张开眼，忽然发现自己身上已换了件女人穿的绣裙。

他大惊之下，伸手摸了摸头发，他的头发早已被绾成了一种当时女人最喜欢梳的杨妃坠马髻，歪歪的发髻上，还插了根凤头钗。

"风郎君"丁麟从十六七岁的时候，就开始闯荡江湖，不出三年，已博得很大的名声。

江湖中人人都知道，他不但轻功极高，而且非常机警，也非常沉得住气。

但现在他却已忍不住要跳了起来。

他没有跳起来,因为他从腰部以下,已完全是软的,连一点力气都使不出。

他整个人都软了,心中沉了下去。香案上一座三尺高的南海观世音菩萨,手拈着普度众生的杨柳枝,仿佛正在看着他微笑。

从缭绕的香烟中看过去,她的笑容看来也仿佛带着种说不出的诡秘之意。

丁麟忽然发现这观音菩萨的脸,竟和刚才那戴着面具的美丽少女完全一样。

难道那少女就是南海娘子?

但出手制住他的,却是那脸上长着胡茬子的男人,他本已认为这男人就是南海娘子改扮的。

但现在他却已完全迷惑,甚至连想都不敢多想。

他怕想多了会发疯。

幸好这时他就算要想,也没法子再想下去了,佛堂的门,已慢慢地被推开。

一个人慢慢地走了进来,脸上带着种美丽而诡秘的微笑,就像神案上观音菩萨的笑容一样。

丁麟看看观音神像,再看看她,忽然叹了口气,闭上眼睛。这少女的脸简直就是这观音菩萨的脸。

他已不想再看了,他怕看多了会发疯。

只可惜不看也一样会发疯的。

这少女已走到他面前,忽然笑道:"你今天头发梳得好漂亮,是谁替你梳的?"

丁麟忍不住张开眼,瞪着她,道:"我正想问你,这是谁替我梳的?"

这少女仿佛很惊讶,道:"难道连你自己也不知道?"

丁麟道:"我怎么会知道?"

这少女道:"你难道连一点都想不起来?"

丁麟苦笑道:"我怎么会想起来,我根本连一点感觉都没有,而且你就算打破我的头,我也猜不出你们为什么要把我扮成个女人。"

这少女仿佛更吃惊,道:"你说什么?你说是我们把你扮成女人的?难道你已连你本来就是个女人都忘了?"

丁麟忍不住叫了起来,道:"谁说我本来就是个女人的?"

这少女吃惊地看着他,脸上的表情,就好像突然看见个疯子一样。

丁麟又忍不住道:"你说我本来就是个女人,你一定疯了!"

这少女叹了口气,道:"不是我疯了,是你!"

她忽然回头叫道:"你们大家全来看呀,丁小妹怎么会忽然变成这样子了?"

丁小妹?

"风郎君"丁麟竟变成了丁小妹!

丁麟想笑也笑不出,想哭也哭不出,只见门外已有四五个女人走了进来,其中有一个也正是刚才还戴着面具的中年美妇。

原来她就是铁姑,因为那少女正在招呼她。

"铁姑,你快来看看,丁小妹本来还是好好的,现在怎么忽然变成……变成这样子?"

铁姑也在看着丁麟,微笑着道:"她看来岂非还是好好的,而且头发梳得比平时都漂亮。"

这少女道:"可是……可是她居然不肯承认自己是个女人。"

丁麟已经在尽量控制着自己,他知道现在非冷静下来不可。

但他却还是忍不住要分辩:"我本来就不是个女人。"

铁姑看着他,忽然叹了口气,道:"我了解你的心情,有时连我也希望自己不是个女人,在这个世界上,做女人的确太吃亏了。"

丁麟叹了口气道:"其实,我并不反对做女人,只可惜我一生下来就是个男人,一直到刚才还是个男人。"

他实在已尽了他最大的力量,来控制他自己。

铁姑的脸上却露出了很惊讶的表情,忽然回头问另几个女人:"你们几时认得丁小妹的?"

"也有两三个月了。"

"她是个男人,还是个女人?"

"当然是个女人。"

所有的女人都在吃吃地笑:"丁小妹若是个男人,我们大家就全都是男人了。"

丁麟已可感觉到自己的脸在发青,却还是忍耐着,道:"只可惜我也不是丁小妹。"

铁姑带着笑问道："那么你是谁呢？"

丁麟道："我也姓丁，叫丁麟。"

铁姑道："我知道你叫丁灵琳。"

丁麟道："不是丁灵琳，是丁麟。"

铁姑道："不是丁麟，是丁灵琳，你怎么会连自己的名字都忘了？"

那个长得跟观音菩萨一样的少女忽然笑了笑，道："幸好她说话的声音还没有变，无论谁都听得出那是女人的声音。"

丁麟冷笑道："无论谁都应该认得出我是男……"

他的声音突然停住，冷汗突然从背脊上冒出来。

他忽然发现自己说话的声音也变了，变得又尖又细，竟真的像女人一样。

——难道我真的已忽然变成了女人？

他只觉一种说不出的恐惧之意，像尖针般刺入了他的后脑。

他想试着运动一下他身上某部分肌肉，只可惜他从腰部以下，竟已完全麻木。

他甚至想伸手去摸摸那部分，可是当着这么多女人，他实在又没有这种勇气。

铁姑看着他，眼睛里仿佛充满了同情和怜悯，柔声道："最近你心情不好，又喝了很多酒，难免会忘记一些事的，何况，以前的事，你本就不愿再想起。"

丁麟只有听着。

铁姑道："但我们都可以提醒你，往事虽然悲伤，但若完全忘记了,对自己也不好。"

丁麟只有叹了口气,道:"好,你说吧,我在听着。"

铁姑道:"你是丁灵琳,是个非常好看的女孩子,你本来有个很好的情人,后来不知道为什么闹翻,所以你跑到海边要自杀,幸好心姑救了你。"

那微笑如观音的少女原来叫心姑,她立刻接着道:"若不是我拉得快,那天你已跳下海去。"

丁麟咬着牙,不开口。

他忽然变得很怕听见自己的声音。

铁姑道:"你那情人姓叶,叫叶开,他……"

叶开!

听见这名字,丁麟只觉得自己脑子间"轰"的一声响。

忽然间,他什么都明白了。

他知道自己已落入一个最恶毒,最诡谲,也最巧妙的圈套里。

这圈套本是为叶开而准备的,他却糊里糊涂地掉了进来。

铁姑在说什么,他已完全听不见,他正在拼命集中思想。

他一定要想个法子从这个圈套里脱身出来,但他也知道这绝不是件容易事。

非常不容易。

时间仿佛已过了很久,铁姑的话却还没有停。

原来她已将这些话反反复复地说了很多次,好像在强迫丁麟接受这件事。

"你那情人姓叶，叫叶开，他本来是昔年'神刀堂'堂主的儿子，后来过继给叶家的。

"你的父亲叫丁乘风，你的姑姑叫丁白云，本是叶家的仇人，但后来这件仇恨却被叶开解开了，你们的情感，反而因此而更加深厚。你本来已非他不嫁，他本来也非你不娶，但这时却忽然出现了个叫上官小仙的女人。这女人据说是昔年威震天下的'金钱帮主'上官金虹，和当时天下第一美人林仙儿所生的女儿。林仙儿虽然美丽如仙子，却专门引诱男人下地狱。她生的女儿，也跟她一样恶毒，你跟叶开，就是被她拆散的。

"这件事你当然不会忘记，也绝不能忘记。"

丁麟听着她说了一遍，又说一遍，忽然发现自己的思想非但已完全无法集中，而且似已被她刚刚说的话左右了。

忽然间，他竟已对这个叫上官小仙的女人，生出种说不出的痛恨之意。

他几乎已快要承认自己就是丁灵琳，承认自己本来就是个女人。

炉中的香烟一阵阵飘过来，随着他的呼吸，渗入他的脑子里。

他竟似已完全失去判断是非的能力。

铁姑看着他，脸上已露出一种诡秘而得意的微笑，慢慢地又接着道："你叫丁灵琳，是个非常好看的女孩子，你……"

丁麟突然用尽所有的力气咬了咬嘴唇，剧痛使得他突然清醒。

他立刻大吼道："不要再说了，我已明白你的意思。"

铁姑微笑道："你真的已明白？"

丁麟道："我一定长得很像丁灵琳，所以你们想利用我来害叶开。"

铁姑道："你本来就是丁灵琳。"

丁麟冷笑道："其实你用不着这么样做，你们要我做的事，我也可以答应。"

铁姑道："哦？"

丁麟道："但你们也得答应我几件事。"

铁姑道："你说。"

丁麟道："我要你先告诉我，你们究竟是恰巧发现我像丁灵琳，才定下这个圈套的，还是早已算准了我要来？"

铁姑忽然不开口了。

丁麟道："然后你们至少还得解开我的穴道，让我见见南海娘子，这件事成功之后，我至少还得要占一份。"

铁姑忽又点了点头，道："南海娘子本来就一直都在这里，你难道看不见？"

丁麟动容道："她在哪里？"

只听一个优雅而神秘的声音慢慢道："就在这里。"

这声音赫然竟是神案上那观音神像发出来的。

丁麟霍然回头，看了这神秘的雕像一眼，目光再也无法移开。

从缥缈氤氲的烟雾中看过去,他忽然发现这雕像竟已换了一张脸。

本来带着微笑的脸,现在竟已变成冷漠严肃,眉宇间竟似还带着怒意。

这个没有生命的雕像,忽然间竟似已变得有了生命:"我就是你想见的人,所以,你现在就应该看着我,我说的话,每个字你都不能不信。"

烟雾缭绕,这声音竟真是她发出来的。

丁麟只觉得全身都已冰冷,竟不由自主点了点头,心里虽然不想再看,但目光却偏偏无法从这神秘而妖异的雕像上移开。

"你就是丁灵琳,叶开本来是你的情人、你的丈夫,但上官小仙却从你身边抢走了他。

"现在他们日日夜夜,时时刻刻都厮守在一起,你却只剩下孤孤单单的一个人。"

丁麟看着她,脸上竟不由自主露出种痛苦而悲伤的表情。

"我知道你怪她,这种仇恨本就是任何人都忘不了的,所以你一定要报复。"

丁麟脸上果然又露出怨毒仇恨之色,喃喃道:"我一定要报复……我一定要报复……"

"现在叶开很快就要帮着那可恨的女人到这里来了,你正好有机会。"

丁麟在听着,发亮的眼睛已变得迷惘而空洞,但脸上的怨毒之色却更强烈。

"叶开绝对想不到你会在这里，所以你若忽然出现，他一定会觉得很吃惊。

"但他却绝不会对你有警戒之意，所以你就可乘机将那恶毒的女人从他身边抢走带到这里来，毁了她那张美丽的脸，叫她以后永远也没法子再勾引别的男人。

"我的意思现在你已明白了？"

丁麟慢慢地点了点头，道："我已明白了。"

"你是不是肯照我的话去做？"

丁麟道："是。"

"只要是我说的话，你全都相信？"

丁麟道："是。"

"好，你现在就站起来，你的穴道已解开了，你已经可以站起来。"

丁麟果然慢慢地站了起来。他早已完全麻木软瘫的两条腿，现在竟似已突然有了力量。

"好，你身上有把刀，现在我要你用这把刀去替我杀一个人。"

丁麟道："杀什么人？"

"杨轩！"

丁麟慢慢地转过身，慢慢地从心姑和铁姑面前走了出去。他的目光直视前方，手里紧握着怀中的刀，心里只有一个念头："用这把刀去杀杨轩。"

门房里虽然生了盆火,却还是很寒冷。杨轩静静地坐在火盆旁,看来已显得有些焦急不安。他在等丁麟的消息。丁麟竟直到现在还没有消息。就在这时,一个人慢慢地推开了门,慢慢地走了进来。一个很美的女人,满头乌黑的青丝,绾着个时新的坠马髻,发髻上还插着根凤头钗。

杨轩站起来,微笑道:"姑娘有什么吩咐?"

他显然已将这女人视为南海娘子的门下,连看都不敢多看一眼。这女人却一直在盯着他,眼睛里带着种很奇怪的表情。

杨轩忍不住又抬头看了她一眼,忽然发现她很像一个人。

这女人的眼睛却还是在看着他,一字字道:"你就是杨轩?"

杨轩点点头,忽然失声道:"你是丁麟?"

丁麟道:"我不是丁麟,是丁灵琳。"

杨轩吃惊地看着他,道:"你……你怎么会变成这个样子?"

丁麟道:"我本来就是这个样子,我本来就是个女人。"

杨轩的脸色也变了,道:"你莫非疯了?"

丁麟道:"我没有疯,疯的是你,所以我要杀了你。"

他忽然从怀中抽出柄短刀,一刀刺入了杨轩的胸膛。杨轩做梦也想不到他会突然下这种毒手,根本就没有提防,也来不及闪避。鲜血花雨般从他胸膛上飞溅出来,一点点洒在丁麟衣服上。

丁麟的脸上却全无表情,冷冷地看着杨轩倒下去,然后就慢慢地转过身。

门外冷雾凄迷。夜更深了。

他慢慢地走入雾里,黑暗中忽然又传来那优美而神秘的声音:"你做得很好,可是你已经太累了,已累得连眼睛都张不开。"

丁麟道:"我的确太累……太累了……"

他的眼睛果然慢慢地闭上。

"这里就是张很舒服的床,现在你已可睡下去,等到叶开和那恶毒的女人来时,他们会叫醒你的。"

地上积着很厚的冰雪,但丁麟却已躺了下去,就真的像是躺在一张很舒服的床上,忽然间就已睡着。

第四章

红颜薄命

雾愈来愈浓了。

妹妹一直都睡得很熟,姐姐轻轻地喘息着,眼帘终于也闭起,脸上还带着疲倦而满足的甜笑。

西门十三看着她们,心里忽然也觉得有种说不出的愉快和得意,就好像他已将丁麟击败了一样。

"一个人总不能在每件事都得胜的,我也总有比你强的地方。"

他微笑着,正想喝杯酒,车厢外忽然有人在敲门。

是不是丁麟回来了?

车窗上的帘子已然拉了下来,他看不见门外是什么人。

"谁?"

没有回应。

西门十三迟疑着,终于忍不住推开车门。

外面也没有人。

外面一片黑暗,冷雾刚刚从地面上升起。

刚才是谁在敲门?

他拉紧了衣襟,再问,没有回应。那个一直在外面望风的车夫呢?

天气实在太冷,他本不想离开这温暖的车厢,可是一个人做了亏心事后,总不免会疑神疑鬼的。

他终于穿上靴子,跳下车,四面一片黑暗,寒冷而寂静。

那个穿着青布棉袄的车夫,躲在一堆稻草里,头枕着膝盖,手抱着头,似乎睡着了。

刚才敲门的人呢,难道他听错了?

他绝不会听错的。

他的年纪还轻,眼睛和耳朵一向都很灵。

这车夫也不知道是丁麟从什么地方找来的,刚才真有人来过,他终于听见一些动静。

西门十三走过去,正想推醒他问问。

谁知道这车夫突然从草堆上弹起,凌空一个翻身,箭一般蹿了出去,身手之快,虽然比不上丁麟,却绝不在西门十三之下。

西门十三竟没有看见他的面目,但稍微一迟疑间,这车夫的人影已消失在黑暗里。

冷雾凄迷,寒风如刀。

他忽然激灵灵打了个寒噤,决定先到车厢里等丁麟回来再说。

车厢的门竟又关了起来,也不知是否他自己刚才随手带上的。

嵌在车顶下那盏制造得很精巧的铜灯,还是亮着,柔和的灯光从紫绒窗帘里透出来。

西门十三实在很后悔,刚才本不该离开车厢的,他很快地走回去,拉开车厢。

然后他的心就沉了下去,整个人都怔在车厢外,连动都不会动了。

车厢里竟多了一个人。

一个秃顶鹰鼻、满面红光的锦袍老人,箕踞在他刚才坐的地方。赫然正是卫八太爷。

那姐妹两人还是蜷曲在角落里,睡得更沉了。

卫八太爷一双炯炯有神的眼睛,正刀锋般瞪着他,冷冷道:"上来。"

西门十三垂下了头,跨上车厢,眼睛忽然瞥见刚才那个车夫竟又回到草堆上打盹了,连姿势都没有改变,好像根本就没有动过。

车厢很低,无论谁都站不直的。

西门十三却不敢坐下来,只有垂着头,弯着腰,站在那里。

卫八太爷冷冷地看着他,道:"你那好朋友呢?"

西门十三道:"他已经进去了。"

卫八太爷道:"什么时候去的?"

西门十三头垂得更低,他无法回答,也不敢回答,因为他刚才根本就忘了时间。

刚才他简直连什么都忘了。

卫八太爷瞪着他,厉声道:"他走了之后,你在干什么？"

西门十三更不敢回答。

他早已知道自己做的事很有点见不得人。

男子汉大丈夫，玩几个生得贱的女人，虽然算不了什么，可是在荒地里玩朋友的女人，却完全是另外一回事了。

卫八太爷冷笑道："看来你真是色胆包天，难道你就不怕丁麟知道？"

西门十三红着脸，嗫嚅着道："我们……我们是好朋友。"

卫八太爷怒道："你们既然是好朋友，你怎么能对好朋友做这样的事，他若在背地里抢了你的女人，你会怎么样？"

西门十三不敢搭腔。

卫八太爷道："你若以为丁麟不会出手，你就错了，这种事只要是男人就一定会出手的。"

西门十三只有承认。

卫八太爷道："凭你这点本事，他一个人就可对付你八个，他知道了这件事后，若要对付你，你准备怎么办？"

西门十三终于鼓起勇气，喃喃道："我想他大概不会知道。"

卫八太爷冷笑道："你想他大概不会知道，你凭哪点这么想？"

西门十三苦笑道："我自己当然绝不会告诉他

的……"

卫八太爷打断了他的话，道："你虽然不会说，可是这女人呢？"

西门十三道："是她自己要的，她怎么会告诉别人？"

卫八太爷道："你以为她真的看上你，所以才勾引你？"

西门十三虽然不敢承认，却也不愿否认。

卫八太爷道："我问你，这两个女人是不是你们从石家庄抢来的？"

西门十三点点头。

卫八太爷道："你难道以为她们很愿意被你们抢走？"

世上绝没有任何人愿意被人在半夜里抢走的。

卫八太爷冷笑道："你难道还看不出，这婊子勾引你，为的就是要让你跟丁麟争风吃醋，她们才有报复的机会。"

西门十三显然还有点不服气，忍不住道："她也许……"

卫八太爷怒道："难道你还以为她是真的看上了你？你有哪点比丁麟强？而且，一个十四五岁的小姑娘就算生得再贱，也不会当着自己妹妹面前，做这种事的。"

西门十三不敢再辩了。

卫八太爷道："何况，你们刚才在车厢里玩的把戏，我远远就听见了，她妹妹又不是猪，你们就在她旁边，她难道还能真的睡得着？"

西门十三的脸色又变了，他忽然想到，这件事的确可能是她姐妹早已说好了的，所以丁麟才刚走，姐姐立刻就醒了，妹妹一直在酣睡，为的就是故意要使他们方便。

他忽然发现，姜毕竟还是老的辣。

卫八太爷忽又问道："这两个婊子是不是生长在石家庄的？"

西门十三道："好像不是，我以前也到石家庄去过，却从未见过她们。"

卫八太爷冷笑道："果然不出我们所料。"

他目光刀锋般盯在这姐妹两人身上，慢慢地接着道："像这样两个如花似玉的小姑娘，连我都实在不忍看着她们死在我面前。"

姐妹两人还是垂着头蜷伏在那里，鼻息还是很均匀，居然还好像睡得很沉。

卫八太爷突又转头，瞪着西门十三，道："所以你杀她们的时候，我一定会闭上眼睛的。"

西门十三怔了怔，道："我？"

卫天鹏沉声笑道："不错，你。"

西门十三道："我……我要杀她们？"

卫天鹏冷冷道："你若舍不得杀她们，我也可以让她们杀了你。"

西门十三脸色已发白，道："但丁麟回来时，若看见她们已死了，岂非……"

卫八太爷打断了他的话，道："他看不见的。"

西门十三道:"为什么?"

卫八太爷道:"死人是什么都看不见的。"

西门十三失声道:"丁麟也得死?"

卫八太爷道:"他不死,你就死。"

西门十三看着他,终于已明白他的意思。

他要丁麟到这里来的时候,已没有打算要丁麟活下去。

无论这件事是否发生,无论是否能探查出南海娘子的真相,他只要一回来,就得死!非死不可。

所以卫天鹏才会跟到这里来,那车夫当然也早已换成了他门下的人。

西门十三看着他脸上冷静而残酷的表情,几乎不能相信他就是那个性如烈火、胸无城府、粗野而暴躁的老人。

他忽然间也像是完全变成了另外一个人,变得比丁麟更彻底。

西门十三忽然发现一个人若想在江湖中出人头地,就好像都有几种完全不同的面目,就连他们身边最亲近的人,都很难知道他们的真面目究竟是什么样子。

卫天鹏刀锋般的目光还是盯在他脸上,淡淡道:"等死比死还痛苦,你若真的有怜香惜玉之心,就不如让她们快死来得快乐。"

西门十三咬了咬牙,突然出手,中指指节凸起,以鹰喙拳击向妹妹脊椎下的死穴。姐姐毕竟刚才还向他奉献出火一般的热情,他毕竟不是个心狠手辣的人。

谁知就在这时,一直像是死一般沉睡着的姐妹两人，突然同时翻身，手里已多了对形状奇特、碧光闪闪的弯刀。

她们本来温柔得就像是对鸽子，但现在的出手，却比毒蛇还毒，比豺狼还狠。

姐姐一翻身，脚已踢在他小腹上，手里的弯刀，已闪电般去割卫八太爷的咽喉。

西门十三疼得眼泪鼻涕一起流出，捧着小腹弯下腰时，妹妹已挥刀急斩他的左颈。

卫八太爷脸上竟全无表情，竟似早已算准了她们有这一招。

姐妹两人的刀刚挥出，只听"叮，叮，叮，叮"四声响，四柄刀的刀锋都已被打断。

卫八太爷手里已忽然出现了根一尺三寸长的短棍。

短棍是漆黑的，暗无光华，也看不出有什么奇特的地方。

但那四柄寒光熠熠，百炼精钢打造的弯刀，竟被它一敲而断。

姐妹两人吃惊地看着手里半截断刀，几乎还不能相信这是真的。

然后她们才感觉到手臂上一阵酸痛，连这半截断刀都拿不稳了。

卫八太爷冷冷地看着她们，冷冷道："你们的随身双宝，还有一件为什么不使出来？"

姐姐忽然长长叹了口气，苦笑道："原来你早已看出了我们的来历。"

卫天鹏道："哼。"

姐姐道："晚辈正是东海筷子岛，珍珠城欧阳城主的门下，特来拜见卫八太爷的。"

她看来并没有惊惶恐惧的表情，只不过对卫八太爷这个人好像很是尊敬。

卫天鹏道："你们是来拜访我的？"

姐姐道："欧阳城主也早已久闻卫八太爷的大名。"

卫天鹏道："是他叫你们来的？"

姐姐道："正是。"

卫天鹏道："你们躲在石家庄，就是为了要等着看我？"

姐姐道："你老人家府上门禁森严，像我们姐妹这种人，想见到你老人家当然不是件容易事。"

卫天鹏冷笑道："所以你们就故意让这好色胆小的登徒子看见你们，你们早已算准了他迟早一定会去找你们的。"

姐姐的脸居然红了，红着脸笑道："不瞒你老人家，我们实在也没有想到他会在半夜里去找我们的，他用的法子虽然不好，却很有效。"

卫天鹏突然大笑，道："久闻欧阳城主的门下，都是聪明美丽的姐妹花，今日一见果然不假。"

他仰面而笑，似已忘了她们的护身双宝还有一件未使出来。

就在这时，姐妹两人已又同时出手，只听"铮"的一声，已有数十点寒星，从她们衣袖中暴射而出，暴雨般急打卫天鹏的胸膛。

卫天鹏笑声不绝,只不过将手里的短棍很快地画了个圆弧。

那数十点暴雨般的寒光,竟像是突然被一种奇异的力量吸引,投入了这圆弧,又是"叮叮叮"一连串轻响后,这数十点寒光就已全都被这根短棍粘住,就像是一群苍蝇钉在一根铁棒上。

姐妹两人又怔住。

卫天鹏淡淡道:"我早已知道你们若不将这一宝使出来,是绝不会死心的。"

妹妹忽然也长长叹息了一声,苦笑道:"看来他们都看错你了。"

卫天鹏道:"哦?"

妹妹道:"他们以为你已老了,以为今日之江湖,已是他们这一代年轻人的天下,但现在以我看来,你一个人就可以抵得上他们十个。"

她垂着头,用眼角偷偷地瞟着卫天鹏,眼波中带着种说不出的温柔崇敬之色。

少女们只有在看着她们心目中真正的英雄时,才会有这种眼色。

卫八太爷看来也仿佛忽然年轻了许多,微笑着道:"姜是老的辣,这句话年轻人都应该记着的。"

妹妹垂着头道:"我们刚才出手,实在是不得已的,我们姐妹都是可怜人,别人叫我们做什么,我们就得做什么,既不能反抗,也不敢反抗。"

她说着说着,眼泪似已将流下。

卫八太爷面上已露出了同情之色,叹息着道:"我不怪你们,欧阳城主对门下弟子的手段,江湖中人人都知道的。"

姐姐恨声道:"但除了你老人家这种大英雄外,可有谁会体谅我们的痛苦呢?"

卫八太爷的声音也变得很温柔,道:"只要你们说出你们的来意,我绝不会为难你们的。"

姐姐道:"在你老人家面前,我们也不敢说谎。"

妹妹道:"你老人家当然也已知道,我们是为了叶开和上官小仙来的。"

卫天鹏道:"为了这件事,珍珠城里一共来了多少人?"

妹妹道:"只有我们姐妹两个。"

姐姐道:"欧阳城主的意思,并不是真的想要那些东西,只不过要我们来看看,叶开究竟是个怎么样的人,究竟有多厉害。"

卫天鹏道:"你们很快就会看得到的,他很快就会来了。"

姐姐道:"可是我们……"

卫天鹏微笑道:"你们已经可以走了,以后有机会,随时都可以去看我,用不着再躲在石家庄等。"

姐姐也笑了,道:"以后我们一定会去拜访你老人家。"

妹妹立刻接着道:"我们一定会去。"

姐妹两人甜甜地笑着，转身推开了车厢的门，跳了出去，就像是一双刚飞出笼子的燕子。

一直垂头丧气，站在那里的西门十三，好像觉得很意外。

他想不到卫八太爷会让她们走，就在这时，他忽然听见两声很奇怪的声音，就像是锥子刺入肉里。

接着，他又听见两声尖锐而短促的惨呼。

他忍不住回头去看，就看见一个穿着青布棉袄的人，正站在车厢外，用一条雪白的手巾擦锥子上的血。他手里拿的，竟赫然真是一柄发亮的锥子。

韩贞！

西门十三直到现在才知道，把他们送到这里来的车夫竟是韩贞。

韩贞的鼻子是歪着的，鼻梁已被丁麟一拳打碎，这歪斜碎裂的鼻子，使得他脸上看来总好像带着种奇特而诡异的表情。

卫八太爷脸上却无表情，忽然道："两个都死了？"

韩贞点点头。

卫八太爷淡淡道："看来你实在不是怜香惜玉的人。"

韩贞道："我不是。"

卫八太爷目中露出笑意，道："丁麟若知道你杀了她们，你的鼻子就更危险了。"

韩贞道："他不会知道。"

卫天鹏道："哦？"

韩贞道："死人是什么事都不会知道的。"

卫天鹏笑了。他喜欢别人学他说话的口气。

韩贞却又道："他走的时候，只要我们等他一个时辰。"

卫天鹏道："他当然已将时间算得很准。"

韩贞道："什么事他都算得很准。"

卫天鹏冷冷道："他的确是个很厉害的人，唯一的缺点就是太年轻。"

韩贞道："年轻毕竟气盛，所以他才会急着赶去。"

卫天鹏道："你确定他去了就不会走？"

韩贞道："他永远不会走的。"

卫天鹏道："为什么？"

韩贞道："死人是不会走的。"

卫天鹏又笑了。

韩贞道："现在早已过了一个时辰，他还没有回来。"

卫天鹏目光闪动，道："所以他只怕已永远不会回来了。"

韩贞点点头。

卫天鹏沉吟着，徐徐道："所以这个南海娘子，绝不会是假的。"

韩贞同意："能让丁麟留下的人并不多。"

卫天鹏的脸色忽又变得很阴沉，徐徐道："青城山的墨白，珍珠城的欧阳，再加上南海娘子，这世上本来已没有什么事能打动他们的了，但现在他们却都已出手。"

韩贞道："叶开若知道，一定会觉得很愉快。"

卫天鹏道："愉快？"

韩贞道："能够要这些人出手，并不是件容易事，除了他之外，世上也许已没有第二个人还能引动他们到这里来。"

卫天鹏沉默着，居然也承认。

西门十三当然更不敢开口，但心里却更好奇。

他忽然发觉每个人提起叶开这名字时，都会露出种很奇怪的表情，无论是敬佩，是憎恶，还是畏惧，都表现得非常明显强烈。

一个陌生的年轻人，怎会有这么大的魔力，这岂非令人不可思议？

西门十三只觉得自己很幸运。

因为他不是叶开，他忽然发觉做一个平凡庸碌的人，有时也是件很幸运的事。

卫天鹏沉默了很久，才徐徐道："一年之前，我还没有听见过叶开这名字。"

韩贞道："一年前江湖中根本就没有人听见过这名字。"

卫天鹏道："但现在他好像忽然已变成了江湖中最有名的人。"

韩贞道："这个人崛起江湖，的确就像是个奇迹。"

卫天鹏道："要造成奇迹也不是件容易事。"

韩贞道："绝不是。"

卫天鹏道："他真的有传说中的那么可怕？"

韩贞道:"他并没有杀过什么人,甚至根本就很少出手,江湖中没有人知道他的武功深浅。"

卫天鹏道:"也许这就正是他的可怕之处。"

韩贞道:"但最可怕的,还是他的刀。"

卫天鹏道:"什么刀?"

韩贞道:"飞刀!"

他脸上忽又露出种很奇怪的表情,一字字接着道:"据说他的飞刀只要出手,从未落空过一次。"

卫天鹏的脸色也变了,他忽然想起了一句话:"小李飞刀,例不虚发!"

这句话本身就像是有种足以夺人魂魄的魔力。

数十年来,江湖中从没有任何人对这句话有过丝毫怀疑。

更没有任何人敢去试一试。

甚至连昔年威震天下的少林四大高僧都不敢。

二十年前,小李探花独上嵩山,竟将武林中从未有人敢轻越雷池一步的少林寺,当作了无人之地,少林寺上下数百高手,竟没有一个敢出手的。

今日之叶开,难道也有那样的威风、那样的豪气?

就算他也有那样的本事,珍珠城主和南海娘子的手段,也绝不是那些出家人能比得上的。

卫天鹏徐徐道:"珍珠城远在海外,城主欧阳兄妹武功之奇诡,就连昔年的百晓生都莫测高深,所以才没有将他们列在兵器谱上。"

韩贞道:"那也因为筷子岛上的门徒弟子,都是同胞双生的兄弟姐妹,就像是筷子一样,从来分不开的,所以兵器谱上不列。"

卫天鹏点点头,道:"兵器谱上也不列魔教高手,但就连百晓生自己也不能不承认,若以杀人制胜的武功而论,魔教中至少有七个人可排名在兵器谱上的前二十人之内。"

韩贞道:"魔教中人互相猜疑,自相残杀,魔宫中的高手,据说早已快死光了。"

卫天鹏道:"但是南海娘子千变万化,魔功秘技,绝不在魔教四大天王之下。"

韩贞笑了笑,道:"你老人家手里这根十方如意棒,只怕也可和昔年兵器谱上,排名第一的天机棒比一比高下了。"

卫天鹏突然纵声大笑,道:"叶开若知道我们这些人都在这里等着他,他还敢来么?"

突听一个人悠然道:"他一定会来的,因为他非来不可。"

这声音优雅而神秘,说话的人仿佛就在他们身旁,又仿佛在很远。

卫天鹏的笑声突然停顿,脸色也变了,过了很久,才试探着问:"南海娘子?"

"多年的故人,你难道连我的声音也听不出来?"声音仿佛更近,却看不见人。

卫天鹏额上似已有了冷汗,勉强笑道:"既已来了,为何不现身相见？"

"你真的想见我？"

"多年渴想，但求一见。"

"好，你跟我来。"

声音仿佛又已到了远方的黑暗中，黑暗中忽然亮起一点灯光。

碧磷磷的灯光，就像是鬼火，在寒风中闪烁不停，却还是看不见人。

卫天鹏走近几步，忽然拍了拍韩贞的肩，道："你也跟我来。"

西门十三总算坐了下来，心里却比刚才弯腰站着时还要难受。

天地间仿佛已只剩下他一个人。

卫八太爷是他的师父，却带着那个多嘴的韩贞走了，好像根本已忘了还有他这么样一个人在旁边。

这世上竟似没有一个人看重他，简直就没有一个人将他看在眼里。

——一个人若连自己都轻视自己，又怎么能期望别人看重你。

他用力握紧了双拳，心里充满了委屈和愤怒，他发誓要做几件惊人的事，让大家都知道西门十三并不是个没出息的人，让大家都跪在他面前，吻他的脚。

只不过，要怎样才能做出惊人的事呢？他根本连一点头绪都没有。

这使他又觉得很悲哀。

——不如还是找个地方去痛痛快快地大喝一顿，等到喝醉了时，就会觉得自己是个打遍天下无敌手的大英雄了。只可惜这大英雄现在还是要去套马赶车。

他叹了口气，没精打采地站起来，忽然听到车厢外有人说："你一个人坐在这里，也不觉得寂寞？"

还是刚才那神秘而优雅的声音，口气却比刚才更温柔。

西门十三突然觉得全身的寒毛竖了起来，失声道："你是什么人？你在哪里？"

"我就在这里，你难道看不见我？"

车厢外，果然可以隐约看到一个人，穿着轻柔的长袍，乌黑的头发披散在双肩。

西门十三全身都已冰冷，就像一下子跌入了个深不见底的冰洞里。他已看见了这个人，看得很清楚。她的脸是死灰色的，轻柔的长袍上，鲜血淋漓，咽喉上还有个血洞，赫然正是刚才已死在韩贞锥下的那个姐姐。她那死灰色的脸上，完全没有任何表情，美丽的眼睛已死鱼般凸出来，嘴角也带着血迹，在黑暗中看来，更是说不出的诡秘可怖。

西门十三的腿已软了，冷汗已湿透了重衣。他实在不敢再看她，但也不知为了什么，目光竟偏偏无法从她脸上移开。

"你看着我，我知道你一定会看着我的。"

这本不是她生前说话的声音，但这声音却的确是她发出来的。

"我本来是真心喜欢你的,本来已决心永远陪着你,但他们却狠心杀了我,让你孤孤单单的,没有人陪伴。"

声音又变得凄凉而幽怨,那死鱼般凸出的眼睛里,竟似有两行血泪流下来。西门十三只觉得自己的心已碎了,刚才的恐惧,忽然又变成了满腔悲愤。这世上毕竟还是有人看重他的,但这个人却已死了,而且就死在他面前,他却只有在旁边眼睁睁地看着。

"他们好狠的心,竟当着你的面杀了我,他们根本就没有把你当作人。"

她的声音更幽怨。

"可是我知道你一定不会让我就这样含冤而死的,你一定会替我报仇,让他们知道,你并不是个胆小无用的懦夫。"

西门十三握紧双拳,慢慢地点了点头,恨恨道:"我会让他们知道的,我一定会让他们知道。"

"这里有柄刀,你为什么不去杀了他们?"

半空中忽然有样东西落下来,"叮"的一声,落在地上,果然是柄锋利的刀。

"你只要杀了韩贞和卫天鹏,你就是江湖中最了不起的大英雄,从此以后,绝没人敢再看不起你,我死在九泉下也瞑目了。"

声音又渐渐叹息,渐渐遥远:"这是我最后的要求,你一定要答应我,一定要答应我……"

声音愈来愈远,终于消失在凄迷的冷雾中。然后她的人就倒了下去。

黑暗，无边无际的黑暗。

西门十三突然冲出去，抓起了她的手，她的手早已冰冷僵硬，显然已死了很久很久。但刚才的确是她在说话，地上的确有柄闪动着寒光的短刀。西门十三用他掌心已沁出冷汗的手，拾起了这柄刀。

"你只要杀了卫天鹏，你就是江湖中最了不起的大英雄……"

他的脸已因兴奋而扭曲，但一双眼睛却是空空洞洞的，就像是死人一样。他握紧了这柄刀，藏在衣袖里，慢慢地走了过去。

凄迷的冷雾，弥漫着大地，风更冷了。但他却已完全不觉得寒冷，他心里已只剩下一个念头："用这柄刀去杀了卫天鹏。"

无风无雪，却有一阵阵暗香浮动，香沁心脾。碧磷磷的鬼火在风中闪烁，卫天鹏和韩贞走在积雪的小径上。

他们都知道，现在已到了应该闭着嘴的时候。应该闭着嘴的时候，他们就绝不开口。

路很滑，雪已经结成冰，宽阔的园林中，只有寥寥几点灯火，疏若晨星。

忽然间，前面也出现了一点鬼火，一行十余个白衣人，幽灵般跟在鬼火后，忽然间又全都消失。

卫天鹏走出梅林，才看出前面有一排低矮的平房，建筑的形式很奇特。那些幽灵般的白衣人，想必已走了进去。

就在这时,引路的鬼火也突然消失,风中却又响起了那优雅而神秘的声音。

这次她只说了两个字:"请进。"

走进去之后,才发觉这屋子非但不低,而且显得特别高阔。地上铺满了崭新的、一尘不染的草席,迎面一副屏风上,画着积雪的高山,鲜红的花树,看来不像是中原的风物。再看画上的题字,才知道画的是海外扶桑岛上的景色,那鲜红的花树,正是扶桑的名种樱花。樱花虽也如梅花同样鲜艳,却少了梅花的几分气节,一身傲骨。

这一排平房,显然也是依照扶桑岛上的形式建造的,屋子里竟没有桌椅,只摆着几张矮几,几上的青铜烛台,烛火低暗,屋角还燃着一炉香,香气却很浓郁。正中的一张矮几上,摆着个三尺高的观音佛像,手拈杨柳枝,面露微笑。

两个白衣如云的绝色丽人,垂眉敛目,肃立两旁,年纪较长的风华绝代,仪态万千;年纪较轻的却更美,美得超凡脱俗,美得令人不可思议。

她们当然就是铁姑和心姑。那些白衣人已盘膝坐在草席上,一个个脸上仍然全无表情,目光仍然凝视着远方。他们的人虽在这屋子里,却完全不像是这世界上的人。

香烟缭绕,屋子里显得说不出的神秘安静。现在还不是开口说话的时候。

卫天鹏也在草席上坐下,然后才看见屏风后有两个剑眉星目，非常英俊的少年，傲然扶剑而立，剑鞘上还镶满了龙眼般大的明珠，每一粒都是价值连城、人间少有的宝物。

他们不但面貌极相似，眉宇间也同样带着种逼人的傲气，竟似完全没有将屋子里这些人看在眼里。

卫天鹏和韩贞对望了一眼，心里都已知道，这两个少年一定是从珍珠城来的。又沉默了很久，这兄弟两人中，身材较高的一人竟然问道：

"南海娘子究竟在哪里，既然叫我们来了，为什么还不出来相见？"

他的话刚说完，那优雅而神秘的声音就又突然响了起来："我就在这里，两位难道看不见？"

声音竟是那观音佛像发出来的，铁姑和心姑，连嘴唇都没有动。

兄弟两人脸色又变了变，一人冷冷道："我们兄弟不远千里而来，并不是来看一个木雕佛像的。"

"你们要看的人就是我。"

"你就是千面观音，南海娘子？"

"我就是。"

兄弟两人突然同时冷笑，同时拔剑，剑光如匹练，向这观音佛像刺过去。他们的出手、招式、身法，竟都完全一样，一个人就像是另一个人的影子。他们的剑法，一剑刺出后，方向突然改变，剑光错落，落花缤纷，突又"哧"的一响，两道剑光竟似已合二为一，闪电般刺向观音佛像的脸。

就在这一瞬间,他们忽然发现这观音佛像脸上的表情竟已变了,变得严肃而冷漠。

也就在这一瞬间,那风华绝代的中年美妇,已突然出手。只听"啪"的一声,两柄剑锋已全部被夹在掌心,接着又是"砰"的一响,剑锋竟硬生生被她折断了一截。

珍珠兄弟显然是因为观音佛像表情的改变而惊失手,此刻居然临变不乱,脚步一滑,竟同时后退了八尺,回到屏风后,两柄断剑又已入鞘。他们应变虽快,但脸上却还是忍不住露出了惊讶之色。因为他们俩看见这美丽的女人,竟将他们的断剑吃了下去。

他们几乎不能相信自己的眼睛,这两柄剑的锋利,他们自己当然知道得很清楚。

这女人的肠胃难道真是铁铸的?

南海娘子那神秘的声音却似在轻轻叹息,道:"欧阳城主不该叫你们来的。"

珍珠兄弟现在只有听着。

南海娘子道:"就凭你们兄弟这样的人,又怎么能对付叶开?"

珍珠兄弟终于忍不住抗声道:"叶开也只不过是个人。"

他们兄弟两人,虽然只有一个说话,另一人的嘴唇仿佛也在动。

南海娘子道:"不错,叶开也是个人,但却绝不是个普通人。"

珍珠兄弟嘴角带着冷笑,满脸不服气的样子。

南海娘子淡淡道:"若论武功,我们这些人之中,也许没有一个能比得上他的。"

珍珠兄弟冷笑道:"他若来了,我们兄弟第一个就要去领教领教。"

南海娘子仿佛又叹了口气,道:"他现在说不定就已来了。"

这句话说出来,不但卫天鹏悚然动容,就连墨白冷漠如死人的脸上,也不禁露出种奇怪的表情。

珍珠兄弟变色道:"他现在真的已来了?"

南海娘子道:"就在你们到这里来的时候,他们的马车,也已驶入了冷香园。"

珍珠兄弟道:"上官小仙呢?"

南海娘子道:"上官小仙不来,他又怎么会来?"

原来叶开是为了上官小仙来的。

珍珠兄弟道:"她真的就是上官金虹和林仙儿的女儿?"

南海娘子道:"是的。"

珍珠兄弟道:"上官金虹和小李探花活着时已势不两立,他的女儿又怎会跟着叶开?"

南海娘子道:"因为阿飞将她交给了叶开,要叶开保护她到这里来。"

珍珠兄弟道:"这件事和飞剑客又有什么关系?"

南海娘子道:"林仙儿红颜薄命,晚年潦倒,她这一生中,只有一个真正信任的人,就是阿飞,所以她临终时,就叫她的女儿去找阿飞。"

珍珠兄弟道:"她怎么能证明自己就是林仙儿的女儿?"

南海娘子道:"她当然有很好的法子证明,否则阿飞又怎么会相信?"

她忽又问道:"你们兄弟对这件事知道得好像并不多。"

珍珠兄弟道:"我们只知道一件事。"

南海娘子道:"哦?"

珍珠兄弟道:"我们只知道城主是叫我们来将上官小仙带回去的。"

南海娘子道:"所以你们就准备将她带回去?"

珍珠兄弟道:"是的。"

南海娘子道:"现在她既已来了,你们为什么还不去?"

珍珠兄弟不再说话,突然凌空翻身,掠过屏风,一眨眼就看不见了。

卫天鹏脱口而赞:"好身手。"

南海娘子的声音却忽然变得很冷漠,冷冷地说道:"送两口棺材到飘香院,为他们兄弟准备后事。"

珍珠兄弟的剑锋已被折断,可是那出手一剑的变化,剑风破空的力量,和他们身法之轻灵,配合之佳妙,无疑已是当今武林中第一流的高手,尤其是那一招双剑合璧,飞虹贯日,其威力之强,就连卫天鹏也未必有把握抵挡。

但是在南海娘子看来,好像他们只要一去找叶开交手,就已经是两个死人了。南海娘子当然绝不会看错的。

大厅中忽然变得静寂如坟墓,大家竟似都在等着别人将珍珠兄弟的尸体抬回来。

也不知过了多久,卫天鹏才沉吟着道:"上官金虹纵横天下时,神刀堂还未崛起,现在神刀堂的后代都已长大成人,上官小仙的年纪想必已有不小。"

南海娘子的声音道:"她算来至少已应该有二十多了。"

卫天鹏道:"二十多岁的女人,难道一直都没有成亲?"

南海娘子道:"她若已有了夫婿,又怎会再要叶开来保护她?"

卫天鹏道:"林仙儿号称天下第一美人,她女儿也应该长得不丑。"

南海娘子道:"非但不丑,而且也可以算是人间少见的美人。"

卫天鹏道:"既然是个美人,为什么还找不到婆家?"

南海娘子叹了口气,道:"只因她虽然长得美如天仙,但她的智力,却连七八岁孩子都比不上。"

卫天鹏皱眉道:"这么样的一个美人,难道竟是白痴?"

南海娘子道:"她并不是个天生的低能儿,据说只不过是因为她在七岁的时候,受了一次重伤,脑力受损,所以智力一直停留在七岁。"

卫天鹏道:"哦。"

南海娘子道:"可是她的美丽,却足以令任何男人动心。"

卫天鹏也叹了口气,道:"天妒红颜,造化弄人,看来她的命运,竟似比她的母亲还要悲惨。"

南海娘子道:"像这么一个女人,若是没有人保护她,也不知要被多少男人欺骗玩弄。"

卫天鹏道:"所以林仙儿临死前,对她还是放心不下,才要找飞剑客来保护她。"

南海娘子道:"但阿飞一生流浪,到现在还没有家,所以他在江南遇见叶开时,就将这副担子交给了叶开。"

卫天鹏道:"他难道也能像林仙儿信任他一样信任叶开?"

南海娘子道:"无论谁都可以信任叶开的,这个人虽然洒脱不羁,不拘小节,但是朋友托他的事,他就算赴汤蹈火,也在所不辞。"

墨白一直在静静地听着,此刻突然道:"好,好男儿,好汉子。"

南海娘子道:"就为了他答应照顾上官小仙,他的情人丁灵琳,才会跟他吵翻,一怒而去,到现在还没有消息。"

卫天鹏笑了笑,道:"我也听说过丁家这位姑娘,是个醋坛子。"

南海娘子叹道:"世上的女人,又有哪个是不吃醋的?"

直到现在,她说的话才像是个女人,才有了些人类的感情。

卫天鹏沉吟着，又道："昔年金钱帮威震天下，南七北六十三省全部在他们控制之下，家中的财宝，富可敌国，但上官金虹本身却是个很节俭的人。"

南海娘子道："他并不节俭，只不过世上所有的奢华享受，都不能让他动心而已。"

除了权力外，世上绝没有任何事能让上官金虹真的动心。就连林仙儿那样的绝代美人，在他看来，也只不过是个工具。

卫天鹏道："据说上官金虹生前，已将金钱帮的财富，和他的武功心法，全部收藏到一个很秘密的地方。"

南海娘子道："江湖中的确久已有了这种传说。"

卫天鹏道："但上官金虹去世至今已有二十多年，却从未有人能找到这笔宝藏。"

南海娘子道："的确从来也没有人找到。"

卫天鹏眼睛里闪着光，徐徐道："但这宝藏的所在地，并不是没有人知道的。"

南海娘子道："哦？"

卫天鹏道："知道这秘密的只有荆无命，但他也是个对任何事都绝不动心的人，所以多年来，从未对这宝藏有过野心。"

南海娘子道："他本就是上官金虹的影子。"

卫天鹏道："他剑法狠毒，出手无情，别人也不敢打他的主意，何况他的行踪也一向飘忽不定，就算有人想找他，也找不到。"

南海娘子道:"就算找到了,也必定死在他的剑下。"

卫天鹏道:"但是现在他却已将这秘密告诉了一个人。"

南海娘子道:"哦?"

卫天鹏道:"他已将这秘密告诉了上官金虹唯一的骨血。"

南海娘子道:"上官小仙?"

卫天鹏道:"不错,正是上官小仙,所以她现在不但是世上最美丽的女人,也是世上最富有的女人,再加上上官金虹留下的武功心法,无论谁只要能找到她,不但立刻可以富甲天下,而且必将纵横武林,这诱惑实在不小。"

南海娘子道:"只可惜她自己并不知道,她只不过还是个七八岁的孩子。"

卫天鹏道:"所以无论谁要保护这么样一个人,都几乎是件不可能的事。"

南海娘子道:"可能。"

卫天鹏道:"不可能。"

南海娘子道:"别人不可能,叶开能。"

卫天鹏冷笑道:"他就算是武林中的绝代奇才,武功就算已能无敌于天下,但只凭他一个人,难道就能抵抗天下武林中的数十高手?"

南海娘子道:"他并不是只有一个人。"

卫天鹏道:"不是?"

南海娘子道:"一心想杀了他,夺走上官小仙的人固然不少，但为了昔日的恩义，决定要全力保护他的人，也有几个。"

卫天鹏道："昔日的恩义？"

南海娘子道："莫忘记他是小李探花唯一的传人，昔年受过小李探花恩惠的人也并不少。"

卫天鹏冷冷道："事隔多年，那些人纵然还没有死，只怕也早已将他的恩情忘了，恩情总是比仇恨忘得快的。"

南海娘子道："至少还有一个人未曾忘记。"

卫天鹏道："谁？"

南海娘子道："我！"

这句话说出来，大家又不禁全都悚然动容。

南海娘子道："你们若以为我也想来图谋上官小仙的，你们就错了。"

卫天鹏目光闪动，道："你找我们到这里来，是为了什么？"

南海娘子道："我只不过想要你们看在我的面上，打消这个主意。"

卫天鹏道："你想要我们放过叶开？"

南海娘子道："是的。"

卫天鹏道："我们若不答应呢？"

南海娘子冷冷道："那么你们就不但是叶开的对头，也是我的对头，今日你们若想活着走出这屋子，只怕很不容易。"

卫天鹏突然大笑，道："我明白了，我总算明白了。"

南海娘子道:"你明白了什么?"

卫天鹏的笑声突然停顿,道:"你要我们打消这主意,只不过想一个人独吞而已,你故意将叶开说得活灵活现,其实你想必有了对付他的法子。"

南海娘子的声音也变了,突然道:"卫八,你看着我。"

卫天鹏却已转过头,去看门口的屏风,冷冷道:"你若想用魔教中的勾魂摄心大法来对付我,你就找错人了。"

南海娘子道:"我只不过想提醒你,三十年前,我已放过你一次了。"

卫天鹏道:"不错,三十年前,我几乎已死在你手里。"

南海娘子道:"那时你已发下重誓,只要我再看着你,我无论要你做做什么,你都绝不违背,否则就宁愿被利刃穿胸而死。"

她的声音突又变得阴森而恐怖,冷冷地接着道:"这些话你还记不记得?"

卫天鹏道:"我当然记得,只不过……"

南海娘子道:"只不过怎么样?"

卫天鹏道:"这些话我是对南海娘子说的。"

南海娘子道:"我就是南海娘子。"

卫天鹏道:"你不是。"

他嘴角带着种奇特的冷笑,一字字接着道:"南海娘子早已死了,你以为我还不知道?"

这句话说出来,连墨白也不禁动容。

卫天鹏道:"在后面那草棚中,你问我怎会听不出你的声音,那时我就已知道,你绝不是南海娘子,就知道她早已死了,否则我又怎么敢来?"

那神秘的声音沉寂了很久,才徐徐道:"你怎么会知道?"

卫天鹏道:"因为你不该问这句话的。"

"为什么?"

"因为我根本就听不出她说话的声音,我虽然是唯一见过她真面目的人,却从来也没有听见她说过一个字。"

卫天鹏笑得很奇特,接着又道:"你虽然知道我是唯一见过她真面目还能活着的人,却一定也不知道我们之间的事,因为她绝不会将这件事告诉你。"

那声音又沉寂了很久,才忍不住问:"为什么?"

"因为那是个秘密,天下绝没有别人会知道的秘密。"

这老人的脸上,忽然发出一种青春的光辉,就像是已回到多年前,他还充满了梦想的少年时。然后他就说出了一段奇异而美丽的故事,美丽得就像神话:"三十年前,我还是个喜欢惹是生非的年轻人,有一次在苗疆闯了祸,逃窜入深山,却在深山里迷了路。

"苗山中不但到处都可能遇见毒蛇猛兽,而且瘴气极重,我为了躲避每天黄昏时都会出现一次的桃花瘴,躲入了一个很深的山洞里。

"那山洞原是狐穴,我想杀条狐狸,烤来充饥,就为了去追这条狐狸,我才遇见了那件我这一生中永远也无法忘记的事。"

他刀锋般的眼睛也已变得非常温柔,然后他接着又说了下去:"我将那条狐狸一直追到山洞最深处,才发现后面的山壁下,还有条秘密的出路。

"我拨开枯藤走进去,没多久之后,就听见一阵阵流水声,沿着水声再往前走,天光豁然开朗,外面竟是个世外桃源般的人间仙境。

"那时正是暮春时节,百花齐放,绿草如茵,山上有道泉水流下来,竟是滚热的。

"然后我就忽然发现那温泉水池中,竟有个美丽的少女在沐浴。"

说到这里,大家当然都已知道他说的这少女是什么人了。

卫天鹏目光温柔地凝视着远方,仿佛又看到了那锦绣的山谷,那沐浴在温泉中的美人。

"那时她也很年轻,乌黑发光的头发,又光滑,又柔软,就像是缎子一样,尤其是她的眼睛,我从来也没有看见过那么美丽的眼睛。

"我就像是个呆子般看着她,已完全看得痴了。

"她起先好像觉得很惊惶,很愤怒,但后来也慢慢地平静下来,也在静静地看着我。

"我们就这样互相凝视着,也不知过了多久,她脸上忽然露出了一丝微笑,大地上所有的花朵,就仿佛已在那一瞬间全部开放。

"我不由自主向她走了过去,竟忘了前面是个水池,也忘了身上还穿着衣裳鞋子。

"我简直什么都忘了,只想走过去抱住她……"

听到这里,每个人脸上都露出温柔之色,仿佛都在幻想着那一刻的温馨和甜蜜。又过了很久,卫天鹏才叹息着,慢慢地接下去:"我们始终没有说过一个字,也没有问过对方的姓名和来历。

"所有的一切事,都发生得很自然,一点也没有勉强,就好像上天早已安排好我们这么样两个人,在这地方见面的。

"直到天色已完全黑暗,她已要走的时候,我才知道她是什么人。

"因为直到那时,我才发她额角上的头发覆盖下,刺着一朵黑色的莲花。

"那正是南海娘子的标志,我惊讶之中,做出了一件令我后悔终生的事。

"我马上叫出了她的名字。

"就在那一瞬间,她的人突然变了,温柔美丽的眼睛里,突然现出了杀机,竟向我施展魔教中最可怕的武功——大天魔手,仿佛要将我的心掏出来。

"我不想闪避,也不能闪避,那时我的确觉得,能死在她手里,乃是件非常幸福的事。

"也许就因为这一点,她才不忍真的下手,我甚至已感觉到她的手插入我的胸膛,她那双柔若无骨的纤纤玉手,竟像是忽然变成了一柄锋利的刀,我甚至已闭上眼睛，准备死了。

"但是她忽然将手缩了回去，等我张开眼时，她的人已不见了。

"夜色已笼罩着山谷，山谷还是同样美丽，但她却似已忽然消失在春风里。

"我却好像刚做了场梦似的，若不是胸膛上还在流着血，我简直不能相信这是件真的事。

"我跪在地上，求她回来，再让我见她一面，但我心里也已知道她是永远不会再回来的了。

"所以我又发誓，只要再见到她，无论她要我做什么，我都不会违背她的意思。

"可是自从那一天之后，我就永远再也没有见着她，永远也没有……"

他声音愈说愈低，终于变成了一声长长的叹息。

这是个美丽、凄凉、而且充满了梦幻般神秘的故事。这故事美丽得就像是神话。但每个人都知道这绝不是梦，也不是神话。你只要看见铁姑和卫天鹏脸上的表情，就知道这故事每个字都是真的。铁姑美丽而冷漠的脸，似乎已因悲痛和震惊而变形。心姑的神色也变了。只有那木雕的观音神像，还是手拈着杨柳枝，在缭绕的烟雾中微微含笑。

也不知过了多久，卫天鹏才恢复镇静，冷冷道："所以我知道南海娘子已死了，我知道魔教中有种神秘的腹语术，你们利用这木偶就想把我吓走，也未免想得太天真了。"

心姑忽然道："不错，那些话都是我借观音神像的嘴说的，可是我说的话也一样有效。"

卫天鹏道："哦？"

心姑道："你若一定还要打上官小仙的主意，我保证你一定会后悔的。"

卫天鹏突然大笑，道："我卫八自十三岁出道，在江湖中混了五六十年，至今还没有为任何一件事后悔过。"

心姑道："你一定不肯放过他们？"

卫天鹏道："我只希望你们能将这碗饭分给大家吃，莫要一个人独吞。"

心姑冷笑道："好，念在你昔年和本门祖师爷的那一点情分，我现在可以让你活着走出去。"

卫天鹏道："然后呢？"

心姑道："只要你一走出这间屋子，从此就是我南海门的对头，你最好就赶快去准备后事，因为你随时都说不定会死的。"

卫天鹏淡淡地说道："念在我和南海娘子昔年那一点情分，现在我也不能以大欺小，向你们出手，只不过……"

心姑道："不过怎么样？"

卫天鹏道："你们若一定要跟我做对头，也未必还能活多久的。"

他冷笑着，霍然长身而起，忽然又向墨白笑了笑，道："我们以前的恩怨，也不妨一笔勾销，从现在起，你我是友是敌，也就看你了。"

这句话一说完，他就头也不回地走了出去。

第五章

飞狐杨天

门外冷雾凄迷，夜更深，风更冷。

卫天鹏迎着风长长吸了口气，忽然道："韩贞！"

韩贞已跟过来，道："在。"

卫天鹏道："你知不知道那飘香别院在哪里？"

韩贞道："我们现在就去？"

卫天鹏道："先下手的为强，这句话你该听说过的。"

韩贞道："可是那叶开……"

卫天鹏道："叶开怎么样？"

韩贞道："叶开现在必定已有防备，我们现在若去跟他硬拼一场，不论谁胜谁负，双方都难免要有伤损，岂非让别人渔翁得利了。"

卫天鹏道："谁说我们是要跟他去打架的？"

韩贞道："不是？"

卫天鹏道："当然不是。"

他嘴角又露出了狐狸一样的微笑，悠然道："我们是好意去向他通风报信，是跟他交朋友去的。"

韩贞的眼睛亮了,微笑着道:"因为小李探花昔日也对我们有恩,我们这次来并不是为了要算计他,而是为了报恩。"

卫天鹏道:"一点也不错。"

韩贞道:"南海娘子既然死了,别的人已不足为虑,我们一定要劝他趁这个好机会,先下手把那些对他有野心的人除去。"

卫天鹏道:"他是个聪明人,一定会明白的。"

韩贞道:"何况他还有我们做他的后盾,他无论要杀什么人,我们都可以帮他提刀。"

卫天鹏大笑,道:"好,你果然愈来愈懂事了,也不枉我对你一番苦心。"

他们已走入了梅林,一阵阵春风吹过,迷雾中忽然出现了一条幽灵般的人影。

卫天鹏低喝:"什么人?"

"是我!"

这人垂着头走过来,竟是西门十三。

卫天鹏沉下了脸,道:"谁叫你到这里来的?"

西门十三颔首道:"弟子有件要紧的事,要禀报你老人家。"

卫天鹏道:"什么事?"

西门十三走近几步,走得更近些,道:"我知道叶开……"

他声音实在太低,卫天鹏只好把耳朵凑过去。

他一生杀人无数,随时随地都在提防着别人杀他,但此时他却是做梦也想不到,他最宠爱的这个徒弟手里,竟有把准备刺入他胸膛的刀。

两个人身子已凑在一起。

卫天鹏道:"有什么话快说。"

西门十三道:"我要你死。"

听到这个"死"字,卫天鹏才吃了一惊,但闪避已来不及了。

他已能感觉到冰冷的刀锋,刺入了他的皮裘,刺在他胸膛上。他甚至已能感觉到死的滋味。

就在这间不容发的一刹那间,西门十三突然惨呼着倒下。

他手里那柄杀人的刀,在夜色中闪着碧光,刀锋上已带着血迹。

是卫天鹏的血。

卫天鹏的身子这才开始发抖,才真正感觉到死的恐惧。

西门十三仰面倒在雪地上,眼珠已凸出,耳、鼻、眼、口中,突然同时有鲜血流出。

血竟是黑的。

卫天鹏转头去看韩贞,韩贞也已吓得呆住。

西门十三显然不是被他杀了的。

究竟是谁在暗中出手,救了卫天鹏这条命?

卫天鹏已没空再想了,这梅林冷雾中,处处都仿佛隐藏着杀机。

他跺了跺脚,低声道:"快退出去。"

突听一人道:"你站着不能动,否则刀毒一发,就必死无疑了。"

声音清脆妩媚,一个人幽灵般地在雾中出现,赫然竟是铁姑。

卫天鹏愕然道:"刚才是你救了我?"

铁姑点点头。

卫天鹏道:"叫他来杀我的也是你?"

铁姑又点点头。

只有被她摄心大法所迷的人,才会做得出这种事。

卫天鹏道:"你既然叫他来杀我,为什么又要来救我?"

铁姑苍白的脸上带着种无法描述的表情,谁也猜不出她心里在想什么,更猜不出她为什么要这样做。

可是她看着卫天鹏的时候,眼睛里却仿佛有种很强烈的感情。

她本不是容易动感情的。

她几乎已没有感情。

卫天鹏看着她,眼睛忽然也露出种无法描述的感情,忽然道:"你……你是她的女儿?"

铁姑点了点头。

卫天鹏倒退了两步,道:"那么你……你……你难道也是我的……"

"女儿"这两个字他并没有说出来,他好像不敢说出来。

可是他不必说出来，别人也知道的。

铁姑居然并没有否认，目中的神色又变得很悲伤，忽然道："她这一生中，只有你一个男人。"

卫天鹏又后退了两步，身子突然又开始发抖。

——南海娘子这一生中，居然只有他一个男人。

他心里也不知道是感动，是惊讶，还是悲伤。

铁姑的眼睛里似已有泪光，道："所以我不能看着你死。"

她当然不能。

世上绝没有任何一个人，能眼见着自己父亲死在别人刀下的。

——难道她竟真的是我亲生女儿？

卫天鹏几乎不相信，却已不能不信。

他一生中最大的遗憾，就是没有女儿，谁知到了垂暮之年，竟忽然有了个女儿。

如此美丽，如此值得骄傲的女儿。

他看着她，眼睛里也不禁有了泪光，已完全忘了自己刚才还想叫人去杀了她的。

血浓于水。

就连野兽都有亲情，何况是人！

卫天鹏颤抖着伸出手，似乎想去摸摸她的头发，摸摸她的脸。

可是他又不敢。

就在这时，梅林外忽然又有个人冲了进来，吃惊地看着他。

心姑也来了。

铁姑忽然长长叹息了一声,道:"你不该来的。"

心姑用力咬着嘴唇,忽然大声道:"我为什么不该来……他既然是你的父亲,就是我的祖父,为什么不能来看看他?"

卫天鹏又怔住。

原来他不但有了女儿,还有了孙女。

他只觉得全身的血都热了,几乎已忍不住要大叫起来。

谁知就在这时,心姑突然反身出手,闪电般点了他胸前七处穴道。

韩贞本来一直在旁边看着,遇见了这种事,他也只有在旁边看着。

看见心姑出手时,他想救已来不及了,谁知心姑竟又扶住了卫天鹏,道:"刀上已见了血,他想必已中了毒,你快抱起他跟我来。"

原来她出手是为了救人。韩贞叹了口气,今天他看见的和听见的这些事,他知道自己这一辈子都永远忘不了的。

他这一生中,也从来没有遇见过这么奇诡的事。

佛堂里燃着香,香烟缭绕,也仿佛梅林中的冷雾一样。

韩贞将卫天鹏放了下来,放在一张软榻上。

神案前摆着几个蒲团,中间一个蒲团上,坐着个云鬟高髻的锦衣少女,仿佛很美。

她重眉敛目,盘膝坐在那里,竟像是老僧入定一样。

这么多人从外面走进来,她居然不闻不问,好像根本没有看到。

但韩贞却忍不住要去看看她。

放着这么美的少女在面前,若是连看都不看,这个人一定不是个男人。

韩贞总算还是个男人。

他看了一眼,就忍不住要多看两眼,他忽然发现这少女很像一个人。

像丁麟。

纵横江湖的"风郎君",怎么会忽然变成了个女人?

韩贞当然不会相信这种事,但却愈看愈像,这少女就算不是丁麟,也一定是丁麟的姐妹。

丁麟的人呢?

他若是已被铁姑她们杀了,他的姐妹又怎么能安心地坐在这里?

韩贞并不是个很好奇的人,一向都不太喜欢管别人的闲事。

可是现在他实在觉得很奇怪,每个人都多多少少难免有点好奇心的。

韩贞毕竟还是个人。

铁姑和心姑已在为卫天鹏治伤疗毒,好像并没有注意到他。

韩贞忍不住慢慢走过去,悄悄唤道:"丁麟。"

锦衣少女果然抬起头来看了他一眼，却像是根本不认得这个人一样，摇了摇头道："我不是丁麟。"

韩贞又忍不住问道："你是谁？"

锦衣少女道："我是丁灵琳。"

丁灵琳！

这名字韩贞是听见过的——丁灵琳岂非就是叶开的情人？

她长得怎么会跟丁麟一模一样？她跟丁麟又有什么关系？

这锦衣少女又闭起了眼睛，连看都不再看他了。

铁姑却在看着他。

韩贞一回头，就触及了铁姑的目光。

比刀光还亮的目光。

韩贞强笑了笑，道："他老人家想必已脱险了吧？"

铁姑点点头，忽然问道："你看他是丁麟，还是丁灵琳？"

韩贞道："我看不出。"

这倒不是假话，他的确看不出，也分不出。

铁姑道："你应该看得出的，无论谁都该看得出她是个女人。"

韩贞道："他现在的确是个女人。"

铁姑道："以前难道不是？"

韩贞笑了笑，道："我只不过有点奇怪，丁麟怎么会忽然不见了。"

铁姑道："你很关心他？"

韩贞摸了摸歪斜的鼻子,道:"他打歪了我的鼻子。"

铁姑道:"你想报复?"

韩贞道:"没有人能在打歪我鼻子之后,就一走了之的。"

铁姑道:"他能不能死?"

韩贞道:"他也不像很快就会死的人。"

铁姑道:"可是他偏偏已死了。"

韩贞道:"你是说,丁麟已死了?"

铁姑道:"不错。"

韩贞道:"但丁灵琳还活着。"

铁姑凝视着他,过了很久,才徐徐道:"你已看了出来?"

韩贞又笑了笑,道:"我看不出,我是猜出来的。"

铁姑道:"你还猜出了什么?"

韩贞道:"叶开虽然是个很精明的人,但是对自己的老情人,总不会有什么戒备的。"

铁姑道:"说得好。"

韩贞道:"假如这世上只有一个人能暗算叶开,再将上官小仙从他手里抢过来,那么这个人一定就是丁灵琳。"

铁姑道:"说得好。"

韩贞道:"只可惜丁灵琳是绝不会去暗算叶开的,所以……"

铁姑道:"所以怎么样?"

韩贞道："假如有个人长得跟丁灵琳很像，可以改扮成丁灵琳，那么这个人岂非就正是对付叶开的最好武器。"

铁姑道："这个人若是男的呢？"

韩贞微笑道："无论他是男是女都没关系。"

铁姑道："哦？"

韩贞道："据说南海娘子不但易容术妙绝天下，而且还有种手法能控制别人咽喉的肌肉，使他的声音也改变。"

铁姑冷冷道："你知道得倒不少。"

韩贞道："这个人若是不听话，没关系，因为南海门还有种能控制别人心灵的摄魂大法。"

铁姑又盯着他看了半天，才徐徐道："据说江湖中人都叫你'铁锥子'。"

韩贞道："不敢。"

铁姑道："据说别人无论有多硬的壳，你都能把它锥开。"

韩贞道："这只不过是传言而已。"

铁姑道："可是这传说看来好像并不假。"

韩贞道："我纵然还有点名堂，也是卫八太爷一手教出来的。"

铁姑冷笑道："你用不着提醒我，我早就知道你是他最亲信的人。"

韩贞松了口气，道："只要夫人明白这一点，我就放心了。"

铁姑道:"我既然让你到这里来,就没有再打算瞒着你。"

韩贞道:"多谢。"

铁姑道:"这件事你现在是不是已完全明白了?"

韩贞道:"还有几点不明白。"

铁姑道:"你说。"

韩贞道:"夫人莫非早已算准了丁麟要到这里来?"

铁姑道:"不错,所以我早已准备好了,在这里等着他。"

韩贞道:"但夫人又怎知他一定会来?"

铁姑道:"有人告诉了我。"

韩贞道:"这个人是谁?"

铁姑道:"是个朋友。"

韩贞道:"是丁麟的朋友,还是夫人的朋友?"

铁姑道:"若不是丁麟的朋友,又怎么会知道他的行动。"

韩贞叹了口气,道:"有时候朋友的确比仇敌还可怕。"

他忽又问道:"夫人以前见过丁灵琳没有?"

铁姑道:"没有。"

韩贞道:"那么夫人又怎知丁麟跟她长得很像?"

铁姑道:"据说他们本是双生兄妹。"

韩贞道:"哦!"

铁姑道:"他们那边的习俗,双胞胎生下来若是一男一女,其中一个就一定要送到外面去养。"

韩贞道:"这种习俗我们那边也有。"

铁姑道:"所以江湖中有很多人都不知道,丁麟也是他们丁家的后代。"

韩贞道:"夫人又怎么会知道的?"

铁姑道:"是个朋友告诉我的。"

韩贞道:"还是刚才说的那个朋友?"

铁姑道:"不错。"

韩贞点了点头,道:"他既然是丁麟的好朋友,当然知道很多别人不知道的事。"

铁姑道:"你是不是很想知道这个人是谁?"

韩贞道:"是。"

铁姑道:"为什么?"

韩贞淡淡地一笑,道:"因为我不想跟他交朋友。"

铁姑目中也有了笑意,道:"你实在是个很精明的人。"

韩贞道:"而且是个锥子。"

铁姑道:"而且是有眼光的锥子。"

韩贞道:"鼻子虽然已被打歪了,幸好也还很灵。"

铁姑微笑道:"所以你若肯替我到一个地方去看看,那真是再好也没有了。"

韩贞道:"但请吩咐。"

铁姑道:"你肯去?"

韩贞道:"夫人就算要我去赴汤蹈火,我也一样会去的。"

铁姑叹了口气,道:"难怪卫八太爷信任你,看来你果然是个够义气的人。"

韩贞道："能得到夫人一句夸奖,韩贞死而无怨。"

铁姑嫣然一笑,道:"我并不想叫你去死,只不过要你到飘香别院去。"

韩贞道:"去看看叶开的动静。"

铁姑道:"顺便也去看看那位只有七岁大的大美人。"

飘香别院飘着花香。

窗户里的灯还亮着,窗上有两个人的影子,一个男人,一个女人。

看不见珍珠兄弟。

雪地上却有柄折断了的剑,剑柄上的剑锋在灯下闪着光。

看来珍珠兄弟今天的运气实在不好。

忽然间,窗户开了。

一个非常美的女人,手里抱着个泥娃娃,站在窗口。

她的脸白里透红,眼睛又圆又亮,红红的小嘴半张着,显得说不出的娇媚,说不出的天真。

她本身看来就像是个泥娃娃。

可是她的身材却不像是个泥娃娃。

她身上每一分,每一寸,都仿佛在发射着一种令人不可抗拒的热力。

孩子的脸,妇人的身材,这虽然很不相称,却形成了一种奇妙的组合,组合成一种美妙的诱惑,一种足以令大多数男人犯罪的诱惑。

要保护这么样一个女人,实在不容易。

她身后还有个男人,看起来很年轻,很英俊。

叶开显然也是个非常好看的男人,只可惜他站得比较远。

韩贞虽然也看见了他,却看不清他的脸。

上官小仙手里抱着泥娃娃,嘴里轻轻地哼着首儿歌,声音也甜得很。

只听叶开道:"外面风很冷,你为什么还不关上窗子?"

上官小仙的嘴撅得更高,道:"宝宝太闷了,宝宝想透透风。"

叶开叹了口气,道:"宝宝已经该睡了。"

上官小仙道:"可是他偏偏不肯睡,宝宝精神还好得很。"

叶开苦笑道:"这么晚了还不睡,宝宝是个坏孩子。"

上官小仙立刻叫起来:"宝宝不是坏孩子,宝宝乖得很。"

她伸出一只又白又嫩的手,轻轻拍着怀里的泥娃娃,柔声道:"宝宝不要哭,他才是个坏人,宝宝不哭,妈妈喂奶给你吃。"

她竟真的要解开衣襟,喂奶给这泥娃娃吃了。

她的胸膛成熟而高耸。

韩贞远远地看着，心已跳了起来，跳得好快。

谁知就在这时，叶开却忽然赶过去，"砰"地关起了窗子。

只听上官小仙在窗子里吃吃地笑着，道："你拉我干什么？你是不是也要吃奶？哼……"

佛堂里的香已燃尽了。

卫八太爷闭着眼躺在软榻上，脸色很红润，似已睡着。

铁姑听韩贞说完了，才说道："窗子一关上，你就回来了？"

韩贞苦笑道："我总不能也进去抢着吃奶。"

铁姑眼中又露出笑意，道："看起来你好像很羡慕叶开。"

韩贞叹了口气，道："我也很同情他。"

铁姑道："你同情他？"

韩贞道："整天陪着这么样一个女人，实在不是件好受的事。"

心姑忽然道："她是不是很美？"

韩贞偷偷瞧了她一眼，道："还算过得去。"

这不是老实话，却是聪明话。

没有任何女人，愿意听着男人在自己面前夸奖另一个女人的。

心姑冷冷道："听说白痴都长得很美的。"

韩贞道："是。"

心姑忽又笑了，道："幸好美人并非一定都是白痴。"

她自己当然也是个美人，非常美。

铁姑忽又问道："飘香别院里，是不是只有他们两个人？"

韩贞道："我前前后后都看过了，好像没有别的人。"

铁姑道："是好像没有，还是的确没有？"

韩贞想了想，道："的确没有。"

铁姑道："也许有别的人已睡了呢？"

韩贞道："别的屋子里都没有生火，这么冷的天，谁也不会在一个没有生火的屋子睡觉的。"

铁姑终于笑了笑，道："看来你不但聪明，而且很细心。"

心姑忽然道："只可惜鼻子歪了一点。"

铁姑瞪了她一眼，道："你又不想嫁给他，你管人家鼻子歪不歪。"

心姑道："鼻子歪的男人，也并不一定就是嫁不得的。"

铁姑又笑了，道："小鬼，胡说八道的，也不怕人家听了笑话。"

韩贞忽然发觉自己的心又在跳，跳得很快。

这种可能他并不是没有想到过，只不过不敢想而已。

现在这母女两人却好像在故意提醒他。

——她们是不是又想出个难题让他做了。

铁姑果然又在问他："你武功是不是跟卫八太爷学的？"

韩贞道："不是。"

他并不是卫天鹏的弟子，也不是"十三太保"中的一个。

铁姑道："你用的兵刃就是锥子？"

韩贞道："是。"

铁姑道："我还没听说过江湖中有人用锥子做兵刃的。"

韩贞笑道："那本是我随便找来用的。"

铁姑道："锥子也有独门招式？"

韩贞道："没有，但无论哪种兵刃的招式，都可以用锥子使出来。"

铁姑道："听你这么说，你会的武功招式一定很不少。"

韩贞道："只可惜杂而不精。"

心姑忽又"扑哧"一笑，道："想不到你这个人居然也会假客气。"

韩贞的心跳得又快了。

铁姑道："你跟着卫八太爷没有几年，就已成了他门下最得力的人，武功想必是不错的。"

韩贞只有承认："还算过得去。"

铁姑道："所以我还想请你做一件事。"

韩贞道："但请吩咐。"

铁姑道："这件事愈快愈好，今天晚上又正好是下手的好机会。"

韩贞道:"是。"

铁姑道:"所以我想现在就要丁灵琳去动手。"

韩贞沉思着,道:"却不知叶开会不会认出她来?"

铁姑道:"绝不会的,就算她还有点破绽,在灯光下也看不出来。"

韩贞道:"但他们本是老情人,若是多看几眼,也许就……"

铁姑道:"我们怎么会给机会让他看清楚,只要他一让丁灵琳近他的身,大功也就告成。"

心姑笑道:"他出手本来就很快的,否则又怎能一拳打歪你鼻子?"

韩贞只有苦笑,心里却是甜的。

铁姑道:"只不过,我们也不能不多加小心,以防万一,所以我想要你陪着他去。"

韩贞怔了怔,道:"我怎么能陪他去?"

铁姑道:"为什么不能?"

韩贞道:"我……算什么人呢?"

铁姑道:"算这里的管事,带他去找叶开,因为这地方丁灵琳没来过,当然不认得路。"

韩贞忍不住叹了口气,道:"夫人想得真周到。"

铁姑道:"若是想得不周到,又怎么敢出手动叶开?"

韩贞道:"现在我只担心一件事了。"

铁姑道:"担心什么?"

韩贞道:"担心叶开的飞刀。"

铁姑道:"你怕?"

韩贞苦笑道:"我只怕这位丁灵琳姑娘不能一出手就置他于死地,只怕他还有机会出手。"

铁姑冷冷道:"莫忘记我也有刀,在我的刀下,没有人还能活得了。"

她忽然挥手,一柄刀"叮"地落在丁麟面前。

一柄碧磷磷的刀。

丁麟立刻睁开了眼睛,直勾勾地看着这柄刀。

铁姑道:"捡起这柄刀来,藏在衣袖里。"

丁麟果然就捡起刀,藏入衣袖。

铁姑道:"现在你抬起头,看着这个人。"

她指着韩贞。

丁麟就抬起头,眼睛直勾勾地看着韩贞。

铁姑道:"你认得这个人吗?"

丁麟点点头。

铁姑道:"我要你跟着他走,他会带你去找叶开的。"

丁麟又点点头。

铁姑道:"叶开是个无情无义的人,抛下了你,去找别的女人了,所以你看见他,就要用这柄刀杀了他,然后带那个女人回来。"

丁麟道:"我一定要杀了他,然后带那个女人回来。"

铁姑道:"你现在就去吧。"

丁麟道:"我现在就去。"

他脸上带着种很奇怪的表情,仿佛茫然无知,又仿佛很痛苦。

铁姑道:"你为什么还不去?"

丁麟道:"我去。"

他嘴里虽然说去,却还是坐在那里,动也不动。

心姑叹了口气,道:"看来他对叶开真不错,到了这种时候,居然还不忍去杀他。"

铁姑冷笑道:"他会去的。"

她当然知道一个人的心灵纵然已受了控制,但你若要他去做一件他最不愿意的事,他的理智还是会做最后一番挣扎的。

这本是很正常的现象,所以她早已有了准备。

她忽然拍了拍掌。

旁边的一扇门竟立刻无风自开,一个人慢慢地走了进来。

一个三十多岁的中年人,身上穿着件狐皮袍子,外面还套着件蓝布罩袍,看来就像是个规规矩矩的生意人。

这个人赫然竟是飞狐杨天!

丁麟的脸忽然间已因恐惧而扭曲,身子也开始不停地发抖。

杨天冷冷地看着他,脸上一点表情也没有。胸口上竟赫然插着把刀,衣服上也还带着血迹。

铁姑道:"你认得这个人吗?"

丁麟点点头，脸上的表情更恐惧。

他当然认得这个人，他的记忆并没有完全丧失。

铁姑道："他现在已经是个死人了，你还记不记得是谁杀了他的？"

丁麟道："是……是我。"

铁姑道："他本来是你的好朋友，但你却杀了他。"

丁麟道："是你要我去杀的。"

铁姑道："现在我要你去杀叶开，你去不去？"

丁麟道："我……我去。"

铁姑道："你现在就去。"

他果然站了起来，慢慢地走了出去，他的身子还在发抖。

铁姑道："在门外等着，等韩贞带你去。"

丁麟道："我在门外等着，等韩贞带我去，我一定要杀了叶开。"

等他走出门，铁姑才对韩贞笑了笑，道："现在你总该知道，他那好朋友是谁了吧。"

韩贞只有看着杨天苦笑。

铁姑道："你不认得他？"

杨天忽然冷冷道："他不认得我，他不想交我这个朋友。"

他一反手，拔下了插在胸口的刀，却只有刀柄。

只听"噗"的一声，一截刀锋自刀柄里弹了出来，用指尖一按，刀锋就又退入刀柄。

原来竟是把杀不死人的刀。

韩贞叹了口气，道："世上既然有这种刀，就难怪会有你这种朋友了。"

铁姑道："可是你最好记住，这种刀和这种朋友，都不是没有用处的。"

穿过了几百株梅花，又来到飘香别院。

丁麟一直静静地跟在韩贞身后，韩贞走一步，他就走一步。

韩贞忽然停下来。

丁麟也停了下来。

韩贞回过头，盯着他，道："你的朋友西门十三已死了。"

丁麟道："西门十三已死了？"

韩贞道："你想不想知道他是死在什么人手上的？"

丁麟道："我不想知道他是死在什么人手上。"

韩贞道："但你若真是他的好朋友，就应该替他报仇。"

丁麟道："我若真是他的好朋友，就应该替他报仇。"

你说一句话，他就跟着你说一遍，但你永远不知道他是不是已真的了解你的意思。

韩贞叹了口气，道："像你这么聪明的人，居然也会受人控制，我简直不敢相信。"

他用眼角瞟着丁麟，丁麟脸上却连一点表情都没有。

韩贞又叹了口气，道："前面有灯光的地方，就是飘香别院。"

丁麟道:"是。"

韩贞道:"叶开就在那里。"

丁麟道:"是。"

韩贞道:"你真的能忍心下手?"

丁麟道:"是。"

韩贞道:"其实你本来不必真杀了他的。"

丁麟道:"我不必?"

韩贞道:"你可以抱住他,点住他的穴道,让他动不了。"

丁麟道:"我可以让他动不了。"

韩贞道:"那时我就会把那个坏女人带走,带得远远的,让她永远也看不见叶开。"

丁麟道:"让她永远也看不见叶开。"

韩贞道:"那么你以后就可以永远跟叶开厮守在一起了。"

他看着丁麟,丁麟迷惘的眼睛里,果然像是发出了光。

韩贞道:"你说这法子是不是很好?"

丁麟道:"以后我就可以永远跟叶开厮守在一起了?"

韩贞道:"不错,而且我还可以保证,以后永远再也没有人会来拆散你们。"

丁麟想了想,目中又露出恐惧之色,道:"可是我杀了杨天,他做鬼也不会放过我的。"

韩贞微笑道:"你并没有杀死他,他并没有死。"

丁麟道:"我明明杀了他。"

韩贞忽然拿出了那柄他刚从地上捡起来的刀,道:"你是用这把刀杀了他的?"

丁麟道:"是。"

韩贞道:"但这柄刀却是杀不死人的,你看……"

他微笑着,反手将这柄刀向自己胸上刺了下去。

他脸上的笑容突然僵硬。

刚才他轻轻一按,刀锋就缩了回去。

但现在刀锋竟不肯缩回去了。

他轻轻一刺,刀锋竟已刺入了他胸膛,刺得虽不深,却已见了血。

"见血封喉,必死无救。"

韩贞只觉得全身都已冰冷,从心口一直冷到了脚底。

突听一人冷冷道:"你最好站着不要动,毒气一动就发,你就死定了。"

韩贞当然站着不敢动,他已听出了这是心姑的声音。

心姑果然已从梅林外走了过来,后面还跟着一个人,竟是杨天。

韩贞连腿都软了,想勉强笑一笑,却偏偏笑不出。

心姑冷冷地看着他,道:"这把刀是魔刀,虽然杀不死别人,却杀得死你。"

杨天冷笑道:"世上既然有你这种人,就有这种刀。"

心姑嫣然道："一点也不错，这种刀本就是专门为了对付他这种人的。"

韩贞咳声道："我……我只不过……"

心姑沉下了脸，冷冷道："你只不过是想出卖我们而已，所以你就得死。"

韩贞道："但望姑娘看在卫八太爷面上，放过我这一次。"

心姑道："你还想活下去？"

韩贞点点头，冷汗已滚滚而下。

心姑道："好，那么你就乖乖地站在这里，一动都不能动，连头都不能点，等我高兴的时候，也许会来救你的。"

韩贞苦着脸道："却不知姑娘什么时候会高兴？"

心姑悠然道："这就难说得很了，通常我总是很高兴的，可是一看见你这种人，我说不定又会忽然变得很生气。"

韩贞咬着牙，只恨不得一拳打碎她的鼻子。

只可惜他就算真的有这种本事，他也不敢动，连指尖都不敢动。

心姑忽然伸出手，轻抚着他的脸，柔声道："其实我本想嫁给你的，可惜你竟连一点考验都经不起，真叫我失望得很。"

她叹了口气，在韩贞脸上拧了一把，又正正反反给了他十来个耳刮子。韩贞简直已忍不住要吐血，却又只有忍受着。

心姑好像这才觉得满意了，回过头对杨天一笑，道："现在你已可带这位丁姑娘走了。"

杨天道："是。"

心姑微笑着，看着他，道："我知道你绝不会像他这么没良心的，是不是？"

杨天道："我至少不会像他这么笨。"

韩贞忽然觉得自己实在很笨，简直恨不得自己一头撞死。丁麟看着他，脸上还是一点表情也没有。

杨天拍了拍他的肩，道："跟我来。"

丁麟就跟着他走了。

杨天走一步，丁麟就走一步。两个人很快地就已走出梅林。晚风中隐约传来一阵歌声，正是孩子们唱来哄泥娃娃的那种歌声。

雾更浓了。窗户里的灯还亮着，杨天敲门。

"谁？"

"在下杨轩，是这里的管事。"

"杨管事莫非不知道现在是什么时候了？"男人的声音，并不太客气。

无论谁听见半夜有人来敲门，都不会太客气的。

杨天道："在下也知道时候已不早，可是有位客人，一定急着要来见叶公子。"

"谁要来找我？"

"是位姓丁的姑娘，丁灵琳姑娘。"

"开门的一定就是叶开。"杨天已告诉丁麟，丁麟正站在门口。

门里的灯光照出来,刚好照在他身上。一个穿着很随便,长得却很好看的年轻人刚拉开门,就怔住,脸上的表情又是惊讶,又是欢喜。

"真的是你。"

丁麟垂下了头:"真的是我。"

叶开大笑,大笑着跳出来,一把抱住了她:"你不生我的气了?"

他也抱住了叶开,他的手已点上了叶开脑袋的"玉枕穴"。叶开惊呼,放手,吃惊地瞪着丁麟。

丁麟道:"你不该为了那个坏女人离开我的。"

叶开叹了口气,倒下。

第六章

七岁美人

叶开倒在地上。

这个被大家认为是江湖中最难对付的一个人,忽然就已倒下,动也不能动了。

忽然间,这件事就已结束。

杨天在旁边看着,也显得很吃惊,他好像也想不到这件事竟结束得如此容易。

看来大家以前根本就不必那么紧张的。

丁麟垂首看着地上的叶开,脸上带着种迷惘的表情。

就在这时,一个人从屋里冲出来——一个非常美的女人,手里抱着个泥娃娃。

她看到地上的叶开,美丽的眼睛里充满了愤怒和惊讶,忽然大叫:"你们打死了他,他是个好人,你们为什么要打死他?"

杨天忍不住问道:"你就是上官小仙?"

上官小仙点点头,道:"你打死了他,你一定是个坏人。"

丁麟忽然大叫:"你才是个坏女人……"

他大叫着扑过去,仿佛要去掐断这女人的咽喉。

可是他的手却被拉住——被铁姑拉住。

"你的事已做完了,现在一定很累,为什么不躺下去睡一觉?"

声音还是那么神秘而优雅。

丁麟眼睛又发直,慢慢地点了点头,道:"我累了,我要睡了。"

他竟真的躺了下去,就躺在门外的雪地上,就好像躺在一张最舒服的床上一样。

上官小仙又吃惊地看着他,忽又大叫:"我不是坏女人,我是个乖孩子,你才是坏女人,所以你现在死了。"

铁姑柔声道:"不错,他才是个坏女人,叶开也是个坏男人。"

上官小仙道:"叶开是好人。"

铁姑道:"他不是好人,他一直不肯让你喂奶给宝宝吃,对不对?"

上官小仙想了想,道:"对,他一直不肯让我喂奶给宝宝吃。"

铁姑盯着她的眼睛,道:"宝宝现在一定饿得要命了。"

上官小仙道:"对,宝宝早就饿了,宝宝不哭,妈妈喂奶给你吃。"

她竟真的拉开了衣襟,露出了坚挺雪白的乳房。

杨天的呼吸立刻停止,心跳却加快了三倍。

铁姑叹了口气,目中却有了笑意,道:"看来她简直连七岁都不到。"

心姑冷笑道："那也得看你看的是什么地方了。"

铁姑笑了。

心姑道："你看她这对胸脯，我就不信她还没有碰过男人。"

她咬着嘴唇，眼睛里充满了嫉妒。

无论哪个女人，看见上官小仙的胸膛，都一定会嫉妒的。

铁姑已走到上官小仙身旁，搂住了她的肩，道："你的宝宝好漂亮。"

上官小仙脸上立刻露出纯真甜美的笑容，道："他本来就是个乖宝宝。"

铁姑道："你让我抱抱好不好？"

上官小仙迟疑着，道："可是你一定要小心点，不能抱得太紧，宝宝怕疼。"

铁姑笑道："我知道，我也有个宝宝。"

上官小仙又迟疑了半响，终于将泥娃娃交给了她。

铁姑接过泥娃娃，忽然转身就跑。

上官小仙立刻大叫："你为什么要抢走我的宝宝……你是个坏女人。"

铁姑在前面跑，她就在后面追。

两个人一前一后，很快就跑出去了。

杨天还是呆呆地站在那里，好像很惊奇，又好像很同情。

心姑瞪了他一眼，冷冷道："喂奶的大姑娘已去了，你还在发什么呆?"

杨天勉强笑了笑,道:"我……我只不过觉得这件事好像太简单了。"

心姑道:"无论多困难的事,你只要先计划得好,动手时都会很简单的。"

杨天叹了口气,他不能不承认:"这件事计划得实在很好。"

心姑看着他,忽又嫣然一笑,道:"我的胸脯比她还好看得多,你信不信?"

杨天怔了怔,脸已涨红了,吃吃道:"我……我……"

心姑媚笑道:"以后我会让你看看的,那时你就相信了。"

杨天心跳得更快。

心姑道:"现在你先把这姓叶的弄回去。"

杨天道:"这丁……丁姑娘呢?"

心姑道:"他会跟我走的。"

她用力踢了丁麟一脚,又回头向杨天一笑,柔声道:"只要你肯做个乖孩子,妈妈以后也会喂奶给你吃。"

铁姑跑进了佛堂。

上官小仙也跟着追了进来:"把宝宝还给我,快还给我。"

铁姑道:"你乖乖地坐下来,我就还你。"

上官小仙立刻在蒲团上坐了下来。

铁姑道:"我还有几句话问你,你也要乖乖地跟我说。"

上官小仙点点头。

铁姑道:"你叫什么名字?"

"上官小仙。"

铁姑道:"你爸爸是什么人?"

上官小仙道:"我爸爸是个神仙,我从来也没有见过他。"

铁姑道:"你妈妈呢?"

上官小仙道:"妈妈在睡觉。"

铁姑道:"在什么地方睡觉?"

上官小仙道:"在一个长长的木头盒子里睡觉,已睡了很久很久了。"

她脸上露出了悲哀之色,又道:"她说她很快就会醒的,可是她一直都没有醒。"

铁姑道:"你妈妈睡着了后,你就跟着谁了?"

上官小仙道:"我就跟着一个会飞的叔叔,妈妈要我叫他飞叔叔。"

铁姑道:"然后呢?"

上官小仙道:"后来飞叔叔就去找叶开,叫我跟着他。"

铁姑目中露出满意之色,道:"那个飞叔叔一定对你很好。"

上官小仙道:"他很喜欢我,他对我很好,很好。"

铁姑道:"他是不是送了很多东西给你?"

上官小仙道:"他替我买新衣服穿,又替我买好东西吃哩。"

铁姑道:"还有个一只手的叔叔呢,是不是也送了很多东西给你?"

上官小仙皱眉道:"一只手的叔叔?"

铁姑道:"你难道不记得他了?他身上总是穿着件黄衣服,样子看起来很凶的。"

上官小仙突然拍手笑道:"我想起来了,有一天他去找飞叔叔,看见了我,还带我去捉蝴蝶。"

铁姑道:"他没有送东西给你?"

上官小仙道:"他捉了好多好多蝴蝶送给我,好多好多蝴蝶,好好看。"

铁姑道:"除了蝴蝶外,他还送了什么东西给你?"

上官小仙道:"没有了。"

铁姑沉下了脸,道:"真的没有了?"

上官小仙道:"真的。"

铁姑目光闪动,道:"他有没有告诉你什么话?"

上官小仙道:"有。"

铁姑立刻追问,道:"他告诉你什么?"

上官小仙道:"他说有个地方,有好多好多好玩的东西,要我长大了去拿。"

铁姑的眼睛又亮了,道:"他有没有告诉你,那个地方在哪里?"

上官小仙点点头。

铁姑道:"你记住了吗?"

上官小仙道:"他跟我说了好多好多遍,一定要我记住。"

铁姑笑了,柔声道:"我知道你是个又聪明、又听话的乖孩子,只要你把他说的话告诉我,我就把宝宝还给你。"

上官小仙道:"可是那个叔叔说,叫我千万不能告诉别人的。"

铁姑道:"你告诉我没关系,我是他很好很好的朋友,他不会怪你的。"

上官小仙迟疑着道:"可是他说,只要我把这件事告诉别人,我妈妈就永远不会醒了。"

铁姑又沉下脸,道:"你若不告诉我,我就把宝宝摔死。"

上官小仙的脸色变了,大叫道:"你不能摔死我的宝宝,他是个乖宝宝。"

铁姑冷冷道:"我知道他又乖又听话,可是只要我往地上一摔,你以后就再也见不到他了,也没有人陪你玩了。"

上官小仙已经哭了出来,流着泪道:"求求你……求求你……"

铁姑道:"你求我也没有用的,除非你能把那地方告诉我。"

上官小仙道:"只要我告诉你,你就把宝宝还给我?"

铁姑道:"而且还帮你买好多好多新衣服穿,好多好多东西吃。"

上官小仙道:"好,我告诉你,那地方就在……"

她还没有说出来,铁姑突又大声道:"等一等再说。"

上官小仙道:"为什么?"

铁姑冷笑,道:"因为这件事你只能告诉我一个人,千万不能让别人听见。"

只听门外有人轻轻咳嗽了一声,杨天已抱着叶开走进来。

心姑也同时走了进来,丁麟跟在后面。

铁姑沉着脸,厉笑道:"谁叫你把他们带回来的?"

心姑道:"不带回来怎么办?"

铁姑道:"你难道不会杀了他们?"

心姑道:"两个人都杀?"

铁姑道:"你还想留下谁?"

心姑道:"现在就杀?"

铁姑道:"现在就杀!"

叶开蜷曲在地上,看来已经像个死人,丁麟虽然还能站着,可是两眼发直,别人说要杀他,他却好像听不见。

心姑叹了口气,道:"这么好看的男人,我实在舍不得下手。"

杨天冷冷道:"我舍得。"

心姑瞟了他一眼,娇笑道:"你在吃醋。"

杨天道:"我不吃死人的醋。"

心姑道:"好,我给你刀。"

"当"的一声,一柄刀落在地上。

杨天弯腰捡了起来,看着丁麟,冷笑道:"你杀了我一次,现在我也要杀你一次,这笔账现在就可以结清了,用不着等到后来。"

丁麟看着他手里的刀,还是一点反应也没有。

杨天目中露出杀机,一刀刺了过去。

突听一人大喝道:"等一等。"

杨天缩回手,皱着眉回过头,才发现叫他等一等的人是卫天鹏。

卫天鹏不知什么时候已醒了,从软榻上慢慢地坐了起来。

铁姑皱眉道:"你为什么要他等一等?"

卫天鹏道:"这两人你一定要杀?"

铁姑道:"非杀不可。"

卫天鹏道:"就在这里杀?"

铁姑道:"就在这里。"

卫天鹏道:"佛堂里也能杀人?"

铁姑道:"我们供的佛,本就是杀人的佛。"

卫天鹏叹了口气,道:"我也知道你绝不会留下叶开的,可是这姓丁的……"

铁姑道:"你想留下他?"

卫天鹏道:"现在他已无异是个废人,又何必还要他的命?"

杨天冷冷道:"卫八太爷莫非动了怜香惜玉之心,想回去收房再养个儿子？"

卫天鹏怒道："你是什么人，怎敢在我面前如此无礼！"

杨天道："我只不过提醒你一声，也免得你失望。"

卫天鹏道："失望？"

杨天道："这位丁姑娘是不会养儿子的。"

卫天鹏道："你以为我不知道他是什么人？"

杨天道："既然知道，为什么还要留下他的命？"

卫天鹏道："等你到了我这种年纪，你就会知道，能不杀的人，还是不要杀的好。"

他叹息着，慢慢道："少年时杀人太多，等到老年时，就难免要后悔了。"

杨天冷笑道："卫八太爷的心，几时变得这么软的？"

卫天鹏道："刚才。"

杨天道："刚才？"

卫天鹏叹道："一个人知道自己有了儿女时，心情就会跟以前不同了。"

铁姑突然冷笑，道："你有了儿女，你以为我真是你的女儿？"

卫天鹏愕然道："你不是？"

铁姑冷笑道："南海娘子这一生中，男人也不知有过多少个，儿女却偏偏连半个也没有。"

卫天鹏道："你呢？"

铁姑道："我不是你的女儿，也不是她的女儿。"

卫天鹏道:"你……你究竟是什么人?"

铁姑道:"天魔无相,万妙无方,上天入地,唯我独尊。"

卫天鹏突然变色,道:"你是魔教的门下?"

心姑悠然道:"好叫卫八太爷得知,她就是'四大公主'中的三公主。"

卫天鹏面上已无血色,连话都说不出了。

铁姑道:"南海娘子是本教的叛徒,自认为已可与本教教主分庭抗礼。所以我就故意投入她门下,先学她的魔功,用她教给我的功夫杀了她。"

心姑道:"这是本教中的'以牙还牙,神龙无相大法'。"

卫天鹏脸如死灰,喃喃道:"原来你不是我的女儿……原来我没有女儿……"

他反反复复地说着这两句话,竟似已变得痴呆了,这件事对他的打击,实在比砍他一刀还要令他痛苦。

心姑却又道:"我们刚才故意救你,只不过因为那时杀了你,对我们并没有好处。"

铁姑道:"但现在韩贞已知道我是你的女儿,父亲死了,家财自然是由女儿继承的。"

心姑道:"所以我们还让韩贞活着。"

铁姑道:"本教近年来人才辈出,重振雄风,唯我独尊的时候也快到了,所缺少的只不过是一些财力而已。"

心姑道:"但有了你和上官金虹的财富后,我们就已万事俱备了。"

卫天鹏嘴里还是在反反复复地说着那两句话,突然大喝一声,吐出了一口鲜血。

然后他的人就倒了下去。

铁姑连看都不再看他一眼,冷冷道:"杨天,现在你还不动手?"

杨天也已面无人色,魔教的可怕,他以前只不过听说而已,现在却已亲身体会到。

他手里紧紧握着那柄碧绿碧绿的魔刀,第二次刺了出去。

丁麟动也不动地站着,既不知道躲避,也不知道闪避。

就在这时,突听外面一声惨呼,凄厉的叫声,竟似好几个人同时发出来的,又像是无数条饿狼同时被人割断了咽喉。凄厉的呼声突然响起,又突然停止。

杨天的手一松,似已连刀都拿不稳了,心姑蓦然转身,拉开了门。一个白衣人动也不动地站在门外,雪白的长袍上,溅满了梅花般的鲜血,背后背着卷草席,手里拿着根短杖。

墨白来了。

心姑非但面不改色,反而嫣然一笑,道:"你既然来了,为什么站在门口呢?快请进来坐。"

墨白道:"站着就很好。"

心姑道:"你到这里来,难道就是为了站在这里看门的?"

墨白道:"我到这里来,也不是为了上官小仙。"

心姑道:"真的不是?"

墨白道:"不是。"

心姑道:"听说你们在青城山里那地方,开销也很大,也很缺钱用。"

墨白道:"我们有来路。"

心姑眨了眨眼,媚笑道:"那么,你难道是为了我来的?"

她本来一直冷如秋霜,仿佛神圣不可侵犯的样子,但现在却已变了,变成了个任何男人都想侵犯一下的女人。

谁知墨白却还是无动于衷,冷冷道:"我也不是为了女人来的。"

心姑笑道:"不是为了女人来的,你……你喜欢男人?"

墨白道:"我是为了叶开来的。"

心姑道:"你喜欢他?"

墨白道:"我喜欢杀了他。"

心姑道:"你跟他有仇?"

墨白道:"有。"

心姑道:"他杀了你老子,还是抢了你老婆?"

墨白沉下脸,道:"我只希望你们能把他交给我带回去。"

心姑道:"我们本来就要杀了他的,你要动手,也无所谓,只不过……"

墨白道:"只不过怎么样?"

心姑道:"我又怎知你是要杀他?说不定你是想救他

呢？"

墨白沉吟着，道："我可以当着你们的面杀了他。"

铁姑道："好，给他刀，让他下手。"

杨天一挥手，抛出了手里的刀，"叮"的一声，落在墨白脚下。

墨白用脚尖钩起，伸手抄住，慢慢地走了进来，眼睛盯着地上的叶开，突然一刀刺出。

他的出手好快。

但这一刀却不是刺向叶开的，刀尖闪电般向铁姑刺了过去。铁姑仿佛完全想不到他这一招，竟来不及闪避。墨白的刀已刺上她心口。铁姑的脸色没有变，他的脸色反而变了。他已感觉到这柄刀的刀锋竟是活的，一刀刺中，刀锋竟缩了回来。

就在这时，只听"叮"的一响，刀柄里竟射出了三点寒星，打在墨白自己胸膛上。

他身子一震，眼珠子却似已凸了出来，冷冰冰的一张脸也已因惊讶恐惧而扭曲变形。

铁姑冷冷地看着他，道："这是柄魔刀，魔刀不杀主人。"

原来刀跌在地上时，那"叮"的一响，刀柄中的机簧已变了。

墨白的脸由白变红，忽然又变成了死灰色，咬着牙道："你杀了我无妨，我的主人不会放过你的。"

铁姑皱眉道："你还有主人……你的主人是谁？"

墨白喉咙里"格格"发响，却已说不出话来，忽然狂吼一声,向铁姑扑过去。

铁姑动也不动。

墨白的手已掐上了她咽喉,可是他自己却已先倒了下去。

铁姑叹了口气,道:"这里的人好像总该已死光了吧?"

心姑道:"只剩下叶开和丁灵琳两个。"

杨天道:"我们为什么不让他们做一对同命的鸳鸯?"

心姑道:"你出手若是快些,他们现在也不用再活着受罪了。"

杨天忽然从自己袖子里抽出柄刀,一刀向叶开刺出:"这次我先杀他。"

突然间,又有一个人喝道:"等一等。"

这次叫他等一等的人,竟是铁姑。

杨天忍不住叫道:"为什么还要等一等?"

铁姑道:"墨白是为了他而来的,而且不惜冒着生命危险,要带他回去。"

心姑道:"他若真的跟叶开有仇,本来是可以在这里动手的。"

铁姑道:"只不过,看来他好像一定要将叶开带回去。"

心姑道:"他为什么要这么做呢?"

铁姑道:"墨白不是呆子,他这样做当然有用意。"

心姑眼珠子转动着,道:"莫非叶开身上有什么秘密?"

铁姑道:"很可能。"

心姑笑道:"好,我先来搜一搜他。"

杨天道:"他是个男人,不如还是让我来动手的好。"

心姑瞪眼道:"男人为什么我就搜不得?我就喜欢搜男人的身,尤其是搜漂亮的男人。"

杨天咬了咬牙,闭上了嘴。

心姑又笑了笑,道:"你若吃醋,等会儿我也可以搜一搜你。"

她媚笑着,蹲下身,伸手去解叶开的衣襟。

可是她的手刚伸出去,突然惊呼了一声,缩回了手,就好像被毒蛇咬了一口。

铁姑皱眉道:"什么事大惊小怪的,难道你从来没碰过男人?"

心姑满面惊讶之色,道:"但他却是个女人。"

铁姑动容道:"女人?你说叶开是个女人?"

心姑道:"是个不折不扣、货真价实的女人,胸脯好像比上官小仙还大。"

铁姑目光闪动,冷笑道:"丁灵琳是个男人,叶开反而是个女人,这件事情真有趣。"

心姑道:"简直愈来愈有趣了。"

铁姑沉着脸,道:"不管他是男是女,先砍下他两只手再说。"

心姑一把夺过杨天手里的刀,一刀砍下。

第七章

要命娃娃

这把刀寒光四射,显然很锋利,要砍下一个人的手来,实在比刀切豆腐还容易。

谁知就在这时,本来连动也不能动了的叶开,突然翻身,一脚踢向心姑的肚子。

心姑大惊,后退,恰好退在杨天面前。

杨天早已在等着她了,右手闪电般点了她背后五处穴道,左手拦腰一把将她抱住。

铁姑的脸色变了。

杨天冷冷道:"你最好不要动,否则我就先杀了你这宝贝女儿。"

铁姑没有动。

她当然绝不是轻举妄动的人。

这时"叶开"已笑嘻嘻地从地上站了起来,笑得又美又甜。

铁姑忍不住道:"你……你真的是个女人?"

叶开嫣然道:"是个不折不扣、货真价实的女人。"

铁姑道:"你不是叶开?"

这个"叶开"笑道:"叶开是个不折不扣、货真价实的男人,我怎么会是叶开?"

铁姑道:"你是谁?"

"丁灵琳。"

铁姑愕然道:"你是丁灵琳?"

"是个不折不扣、货真价实的丁灵琳。"

铁姑怔住。

她脸上的表情,看来就像是忽然被人咬了一口。

那个"丁灵琳"还动也不动地站在那里。

丁灵琳过去看他,笑道:"你一点也不像我嘛,我总要比你漂亮多了。"

他们实在一点也不像。

铁姑忍不住又问道:"你若是丁灵琳,叶开呢?"

丁灵琳道:"叶开早就来了。"

铁姑愕然道:"他早就来了?"

丁灵琳道:"不但早就来了,而且一直都在你面前。"

铁姑道:"莫非是杨天?"

杨天笑道:"杨天就是杨天,不是叶开。"

铁姑几乎要疯了,忍不住大叫道:"叶开究竟是谁?"

只听一个人悠然道:"是我。"

"究竟谁是叶开?"

丁麟道:"是我!我就是叶开。"

他脸上那种迷惘痴呆的表情,忽然完全不见了,眼睛也不再发直。

忽然间，他已完全变了个人。

铁姑看着他，脸上已连吃惊的表情都没有了，什么表情都没有了。

她整个人都已发硬，硬得像是块木头——她自己也觉得自己像是块木头。

她这一生中，从来也没有这么吃惊过。

丁灵琳吃吃地笑着，从怀里掏出块雪白的丝巾，抛给叶开，道："快把你脸上这些胭脂擦干净，免得我看着恶心。"

叶开微笑道："你恶心？但却偏偏有很多人认为我美极了。"

丁灵琳道："美个屁。"

叶开道："若是不美，怎么会有人认为我像丁灵琳。"

丁灵琳忍不住笑道："我若真的像你这样子，我早就一头撞死了。"

叶开道："我若真的像你这样子，你知道我会怎么样？"

丁灵琳挺起了胸道："我这样又哪点不好？"

叶开道："也没什么不好，只不过胸挺得太高了些，所以才会被人家看破。"

丁灵琳的脸红了，忽然伸手去解心姑的衣襟。

心姑本来一直垂着头，好像奄奄一息的样子，此刻才忍不住大叫道："你想干什么？"

丁灵琳道:"也不想干什么,只不过你刚才要搜我的身,我现在也要搜搜你的身,我这人一向不吃亏的。"

杨天道:"要搜也该轮到我搜了。"

丁灵琳道:"但她是个女人。"

杨天道:"女人为什么我就搜不得,我就喜欢搜女人的身,尤其是漂亮女人。"

丁灵琳大笑,杨天也大笑。

他们有资格笑,因为他们做的这件事,实在是精彩绝伦。

铁姑看来却似已连哭都哭不出了。

上官小仙已从她手里抢回了那泥娃娃:"宝宝乖,乖宝宝,妈妈再也不会让坏人抢走你了。"

这泥娃娃才是她关心的,别的人无论发生了什么事,她都不管,她也不能管。

孩子们岂非总以为自己的幻想是真实的。

但铁姑的幻想却已成了泡影。

她本来以为所有的人都已入了她的圈套,现在才知道原来她自己一直都在叶开的圈套里,她的幻想岂非也正如这白痴手里的泥娃娃一样?

她看着叶开,忍不住长长叹息了一声,道:"我现在才相信了。"

叶开道:"相信了什么?"

铁姑苦笑道:"相信你是天下最难缠、最可怕的一个人。"

叶开也叹了口气,苦笑道:"我承认,我的确不能算是个君子。"

铁姑道:"能承认自己不是个君子,也是件不容易的事。"

叶开道:"肯自己认输更不容易。"

铁姑道:"你早已知道我们这些人会在这里等着你了?"

叶开点点头。

铁姑道:"所以你就跟杨天商量好,叫他故意来投靠我,让我以为丁麟就是丁灵琳的兄弟,再帮着我出主意,要我将丁麟扮成丁灵琳。"

叶开笑道:"这本来就是个好主意,我知道你一定会接受的。"

铁姑道:"然后你再以丁麟的身份出现,故意让我抓住你。"

叶开道:"我本来就是丁麟。"

铁姑不懂,道:"你究竟是叶开,还是丁麟?"

叶开道:"叶开也就是丁麟。"

铁姑更不懂了。

叶开道:"丁麟只不过是我以前闯江湖的时候,用过的一个名字。"

铁姑终于懂了,苦笑道:"你一共究竟用过几个名字?"

叶开道:"不多。"

铁姑道:"你用过的名字,全都出名。"

叶开笑道:"我运气一向不错。"

铁姑叹了口气,道:"看来我实在不该选中你这么样一个人做对手的。"

丁灵琳嫣然道:"你选错了,我却没有选错。"

她看着叶开,美丽的眼睛里充满了爱慕和尊敬。

铁姑道:"你难道根本就没有跟他吵翻?"

丁灵琳道:"谁说我没有,我跟他不知吵翻过多少次。"

她红着脸一笑,又道:"可是我们每次吵翻了之后,不出三天,我就又想去找他了。"

铁姑叹道:"我本该早就想到的。"

丁灵琳道:"想到什么?"

铁姑道:"像他这样的男人并不多,我若是你,我也绝不会真的不理他。"

丁灵琳道:"所以我一定会好好地看着他,不让别人来打他的主意。"

她的笑容看来也变得有点像狐狸了。

铁姑又叹道:"不管怎么样,我连做梦都想不到你会扮成叶开。"

丁灵琳道:"叶开既然不在,总得有个人保护小仙的,用我来保护她,岂非再安全也没有了。"

铁姑承认:"的确再安全也没有了。"

她悠然接着道:"由你看着她,非但别人动不了她,叶开也动不了。"

丁灵琳道:"叶开根本就不会打她的主意。"

铁姑道:"你好像很有自信?"

丁灵琳道："我一直都有，所以谁也休想来挑拨离间。"

铁姑只有苦笑着转向叶开："我也想不到我的摄魂大法，对你竟好像连一点用也没有。"

叶开道："的确用处不大。"

铁姑道："其实我也早就该想到的。"

叶开道："想到什么？"

铁姑道："听说你的母亲，以前也是本教中的人，可是为了一个姓白的，二十年前就已叛教了。"

叶开目中露出痛苦之色，他显然不愿听别人提起这回事。

所以铁姑就偏偏要提："魔教中有四大天王、四大公主，你母亲就是其中之一，我也是其中之一，所以你本该叫我一声姑姑才对。"

叶开沉着脸，道："你们要杀我，这当然也是其中原因之一。"

铁姑也沉下脸，道："我不否认，本教的叛徒，没有一个能逃脱门规处置的。"

叶开道："哦？"

铁姑道："不但她本身要受门规处分，她的后代也一样。"

叶开道："我只希望你明白一件事。"

铁姑道："你说。"

叶开道："家母早已不是你们魔教的人，和你们再也没有半点关系。"

铁姑冷冷道:"无论谁只要入了本教一天,就终生都是本教的人,这种关系是永远也斩不断的。"

叶开淡淡道:"你既然是个聪明人,现在就不该说这种话的。"

铁姑道:"为什么?"

叶开道:"现在你好像只有等着我来处置你。"

铁姑道:"我说这些话只不过要你明白,你的血里也有我们的血,只要你愿意回来,我们随时都欢迎你。"

叶开道:"我会记着的。"

丁灵琳道:"可是他绝不会回去。"

铁姑道:"那么你们两个人都要后悔的。"

叶开道:"哦!"

铁姑道:"本教这次在神山绝顶,重立宗主,再开教门,四大天王和四大公主的三项决议中,其中有一样就是要处置叛徒。"

叶开道:"所以你要我小心些?"

铁姑冷冷道:"五十年来,本教一共只有五个叛徒,如今已死了四个。"

叶开道:"再加上我就是五个。"

铁姑道:"不错。"

叶开道:"只可惜我好像已不会死了。"

铁姑道:"你逃过了第一次,未必还能逃过第二次,就算又逃过第二次,还有第三次、第四次,只要你不死,你就得时时刻刻地提防着,所以你就算活着,也休想过一天安稳的日子。"

叶开道："我知道了。"

铁姑道："你不在乎？"

叶开道："我很在乎，也很怕。"

铁姑道："那么你现在就该带着上官小仙跟我回去，将功抵罪。"

叶开笑了。

铁姑道："我说的话并不好笑。"

叶开微笑着，道："我也很怕狗咬我，难道我就该跟着狗去吃屎？"

丁灵琳吃吃地笑了，笑得弯下了腰。

铁姑的脸色却已铁青。

叶开道："我早就知道你们要来对付我了，可是我这么样做，却不是为了要对付你们。"

铁姑道："哦？"

叶开淡淡笑道："若是为了对付你们，我根本不必费这么多事。"

铁姑冷笑道："你当然知道卫天鹏和墨白也要来对付你，所以你故意先让我们得手，好叫他们跟我火拼，等我们先自相残杀，你才好暗算于我。"

叶开叹了口气，道："若是为了对付卫天鹏和墨白，我更不必费这么大的事了。"

丁灵琳笑道："要他情愿扮成个女人，实在不是件容易事。"

铁姑忍不住道："你这么样做，究竟是为了要对付谁？"

叶开道:"是另外一个人,这个人远比你们加起来还要可怕得多。"

铁姑不住地冷笑。

叶开道:"我们要到这里来,你们本不会知道的。"

这一点铁姑倒不能不承认。

叶开道:"可是这个人却知道了,所以他故意将消息散布出去,让你们到这里来找我。"

铁姑道:"他也想让我们先跟你拼一场,他才渔翁得利。"

叶开道:"不错。"

铁姑显然也已被打动,沉吟着道:"好几个月前,我们的确曾经接到过一封无头信,信上说的,正是你跟上官小仙的秘密,若不是这封信,我们根本就不会想到来打你的主意。"

叶开道:"你们接到了这么样一封信,难道一点也不觉得奇怪?"

铁姑道:"因为他在那信上说,他是你的仇人,写这封信给我们,为的只不过是要借我们的手,替他报仇。"

叶开叹道:"这倒也不能算不合理。"

铁姑道:"经过我们查证后,发现他说的并不假,所以我们才决定动手。"

叶开道:"墨白、卫八太爷和欧阳城主,想必也因为接到了一封同样的信,所以才出手的。"

铁姑道:"现在我才想到,他写这封信,为的可能真是要利用我们来先跟你拼一场,然后他再来捡便宜。"

叶开苦笑道:"你总算想通了。"

铁姑道:"你也不知道是谁写的这封信?"

叶开道:"我连猜都猜不出。"

铁姑道:"你们的行动,他全都知道得一清二楚,但你们却连他是谁都不知道?"

叶开道:"正因为如此,所以我才觉得他可怕。"

铁姑叹了口气,悠然道:"这么样说来,我们也实在很想见见他了。"

叶开道:"我本来已算准你们得手之后,他一定就会出现的。"

铁姑道:"所以你一直在等着。"

叶开道:"我也很想看看他。"

铁姑道:"只可惜我们竟在无意中揭穿了你的秘密,所以你也等不下去了。"

叶开叹道:"所以你实在应该让我再多等一等的。"

铁姑道:"你认为他现在已不肯来了?"

叶开叹了口气,道:"他好像不愿当面见我,否则又何必等到现在?"

铁姑道:"所以你现在就算再等下去,也没有用了。"

叶开承认。

铁姑忽然笑了笑,道:"那么,你现在为什么还不走?"

叶开道:"迟早我总是会走的。"

铁姑道:"你最好快走。"

叶开道:"哦!"

铁姑道:"带着你的两个女人一起走,我保证以后绝不再找你们。"

叶开也笑了,道:"你难道就叫我这么样一走了之?"

铁姑冷笑道:"你不走又能怎么样?难道还能杀了我?"

叶开微笑道:"魔教中的人,是不是杀不得的?"

铁姑冷笑道:"你若一定要和本教作对,我也无所谓,只不过我也可以保证,无论谁和本教作对,都绝不会有什么好下场。"

叶开又叹了口气,道:"这倒不假。"

铁姑道:"你若杀了本教中一个人,我保证你们从此以后,再也休想过一天太平日子。"

叶开道:"我若放了你呢?"

铁姑道:"我刚才已答应过你,从此以后,你们无论到哪里去,本教中的人都绝不会再去找你。"

叶开沉吟着,道:"这条件好像还不坏。"

铁姑道:"所以你应该考虑考虑。"

叶开道:"可是你刚才还要我们跟着你回去的。"

铁姑道:"现在我已改变了主意。"

叶开道:"你的主意既然随时都会改变,我又怎么能相信你的话?"

铁姑道:"你只好相信。"

叶开又笑了。

铁姑道:"我提醒你,连李寻欢都不愿和本教作对,何况你?"

她冷笑着,又道:"莫忘记你还带着个只有七岁大的孩子,就算你能照顾自己,她若万一有了什么意外,你也一样不好交代的。"

叶开忍不住看了上官小仙一眼。

上官小仙正在轻轻抱着怀里的泥娃娃,抬起头来,向他嫣然一笑,道:"宝宝已睡觉了,刚才你救了他,现在我可以让你抱他一下。"

叶开眨了眨眼,道:"他会不会把尿撒在我身上?"

上官小仙笑道:"宝宝不会的,宝宝又乖又听话。"

她竟然真的走过来,将泥娃娃交给了叶开。

叶开只有接过来,苦笑道:"我只抱一下子就够了,我一向很容易知足。"

上官小仙拉起了丁灵琳的手,笑道:"等他抱过了,你也可以抱一下。"

丁灵琳赶紧摇头,道:"我昨天已经抱过他了,这么开心的事,不能天天做的,就像吃糖一样,若是天天吃,就……"

她的声音突然停顿,脸色已变了,吃惊地瞪着上官小仙,失声道:"你……"

一个"你"刚说出来,她的人已倒了下去。

就在这时,只听那泥娃娃肚子里"波"的一响,叶开的脸色也变了,突然弯下腰去,就像是被人在肚子上重重打了一拳。

他的手已松开,手里泥娃娃跌在地上,"噗"的一声,跌得粉碎。

一样亮亮的东西从粉碎的泥娃娃肚子里滚出来,竟是个打造得极精巧的机簧暗器钢筒。

叶开双手按着肚子,满脸冷汗滚滚而落,想说话,却连一个字也说不出。

上官小仙撅着小嘴道:"你看你,摔破了我的宝宝,难怪你肚子要痛了。"

叶开看着他,眼睛里充满了恐惧和惊讶,突然大吼一声:"你……"

一句话没说完,他的人也已倒下。

铁姑的脸色也变了,这变化实在连她都觉得大吃一惊。

只有杨天却还是面带着微笑,用一只手搂着心姑的腰。

铁姑看了他一眼,又吃惊地瞪着上官小仙。

上官小仙也笑了,笑得又甜蜜,又娇媚,脸上那种痴痴呆呆的表情,已完全不见了。

铁姑忍不住叹了口气,苦笑道:"是你,原来是你。"

上官小仙娇笑道:"连你也想不到?"

铁姑道:"我实在连做梦都想不到。"

上官小仙道:"你也佩服我?"

铁姑苦笑道:"看来我想不佩服都很难。"

上官小仙拍手笑道:"想不到居然也有人佩服我,我简直开心死了。"

铁姑道:"叶开一定更佩服你。"

上官小仙道:"哦!"

铁姑道:"他一心一意地保护你,想不到你根本竟用不着他来保护,他一心想找出那个主谋要害你的人,想不到这个人就是你自己。"

她又叹了口气,道:"叶开呀叶开,你自以为聪明绝顶,自以为了不起,其实你连人家一根手指头都比不上。"

上官小仙笑道:"你难道忘了我是什么人的女儿?"

铁姑笑道:"我早就该想到的。"

她的确早就该想到的。

上官金虹和林仙儿的女儿,又怎么会是个白痴?

曙色已刚刚降临,灯光已暗淡下来。

上官小仙的眼睛却更亮,现在无论谁都已看得出,她绝不是个白痴。

铁姑道:"看来连荆无命和阿飞也全都被你骗过了。"

上官小仙笑道:"男人岂非天生就该上女人当的。"

铁姑道:"他们都以为你是呆子,是白痴,却不知真正的白痴并不是你,在你眼睛里看来,他们才是真正的白痴。"

上官小仙道:"不是白痴的男人还不多。"

铁姑道:"杨天不是。"

上官小仙道:"他当然不是。"

铁姑道:"只有他知道你的秘密。"

上官小仙用眼瞟着杨天，媚笑道："一个女人至少总得找一个能使她依靠的男人，否则她岂不太寂寞了。"

铁姑冷笑道："看来你并没有找错人，像他这样的男人，实在不多。"

上官小仙笑得更甜，道："我的眼光一向都不错。"

铁姑道："那封信是你写的，还是他写的？"

上官小仙道："当然是他，他写的字比我漂亮多了。"

铁姑道："你要我们到这里来，为了你找叶开拼命，等我们两败俱伤，你才好坐享其成。"

上官小仙柔声道："我总觉得这世上的人太挤了，多死几个也没关系。"

铁姑叹道："看来你这计划实在是天衣无缝，神出鬼没，难怪叶开都上了你的当。"

上官小仙道："要他上当，的确并不是件容易事。"

铁姑突然冷笑道："只可惜你还是做错了一件事。"

上官小仙道："什么事？"

铁姑冷冷道："你不该把我们也拉进这圈浑水里来的。"

上官小仙道："哦。"

铁姑道："我说过，无论谁要跟本教作对，都绝不会有什么好处，你也不例外。"

上官小仙瞪着眼，道："谁说我要跟你们作对的？我根本就没有这意思。"

铁姑道："你真的没有？"

上官小仙道:"我当然没有。"

铁姑道:"可是你……"

上官小仙打断了她的话,道:"你知不知道你们的魔教最近跟一个人有了密约?"

铁姑的脸色又变了。

她当然知道,但她却想不出上官小仙怎么会知道的,这本是个极大的秘密。

上官小仙点了点头,又道:"你知不知道跟你们魔教订约的那个人是谁?"

铁姑的眼睛突然亮了起来:"那个人难道就是你?"

上官小仙嫣然道:"其实你早就该想到的。"

铁姑苦笑道:"我还是连做梦都想不到。"

上官小仙道:"你至少总该知道,你们的魔教四大天王是多精明、多厉害的人。"

铁姑承认。

上官小仙道:"不是我们早已有了密约,他们又怎么会为了一封无头信而劳师动众?"

铁姑道:"他们难道早已知道那封信是你写的?"

上官小仙正色道:"这件事本是我们早就商量好了的,他们怎么会不知道?"

铁姑也笑了,道:"你做的事,好像每件都是别人连做梦都想不到的。"

上官小仙嫣然道:"我若不是这样一个人,你们的魔教又怎么肯跟我订攻守同盟的密约?"

心姑忍不住道:"我们既然是朋友,你为什么还不放了我？"

上官小仙笑道："你看我，竟差点把你忘了。"

心姑也笑道："只要你现在能想起来，就好。"

上官小仙道："杨天，你为什么还不拍开这位姑娘的穴道？"

杨天道："是。"

他微笑着，一掌拍了下去。

心姑突然一声惨呼，一口鲜血随着惊呼声喷了出来，身子突然软软地弯了下来，脊椎竟已被他一掌活生生地拍断。

上官小仙皱眉道："我只不过要你拍开她的穴道，谁叫你用这么大力气的！"

杨天道："我岂非已经拍开了她的穴道？"

上官小仙道："可是她的人也被你拍死了。"

杨天淡淡道："我只管拍开她的穴道，她的人是死是活，我管不着。"

上官小仙嫣然一笑，道："这话倒也并不是完全没有道理。"

铁姑突然凌空翻身，想冲出去。

可是她的去路已被上官小仙挡住。

她咬了咬牙，一把拉下了自己的头发，抬腕抽出柄弯刀。

刀光一闪，竟不是刺向上官小仙，反而向她自己的肩头刺了下去。

谁知上官小仙的衣袖里也已飞出了条缎带，忽然间就像毒蛇般缠住了她的手。

"我想死也不行?"

上官小仙叹了口气,道:"你当然可以死,但我却不想死在你手里。"

铁姑道:"我并没有要杀你。"

上官小仙淡淡道:"我知道,你只不过想用'神刀化血、魔血大法'来对付我而已,你的血溅出来,我只要沾上一点,还不如被你一刀杀了反而痛快些。"

铁姑变色道:"你也知道魔血大法?"

上官小仙道:"你们魔教的十大神功,我不知道的倒还不多。"

铁姑突然张嘴,像是要咬断自己的舌头。

可是她的下巴忽然也被缠住。

上官小仙的出手,竟仿佛比她的思想动得还快。

铁姑的全身都已冷透。

上官小仙叹道:"我说过,你们的十大魔功,在我面前是连一点用都没有的,我甚至可以表演一两种给你看看。"

她忽然放开了铁姑的下巴,夺下了那柄弯刀,送到自己嘴里,竟像是吃甘蔗一样,将这柄刀一截截咬断,吞了下去。

然后她又微笑着道:"你看,你们的'嚼铁大法',我岂非也一样能用?"

铁姑连眼珠子都似已因恐惧而凸出,惊声道:"你……你究竟想怎么样?"

上官小仙道："你自己应该知道的，为什么还要问我？"

铁姑道："你既然是魔教的盟友，为什么要对我们下毒手？"

上官小仙柔声道："就因为我是魔教的盟友，所以才想不到我会对你们下毒手，所以我才可以放心杀了你们。"

她微笑着又道："你自己也说过，我们的事，都是别人连做梦都想不到的。"

这句话还没有说完，她已突然出手，手里的半截弯刀，已刺入铁姑的咽喉。

铁姑眼珠子立刻凸出，连一个字都没有再说出来，就已倒下。

上官小仙看着她倒下去，轻轻叹息，道："我从来也不觉得杀人是件愉快的事，为什么偏偏有很多人喜欢杀人呢？"

杨天微笑道："因为这世上的人已太多了。"

上官小仙嫣然道："看来这世上也只有你才是我的知己。"

杨天道："我本来就是条狐狸，会飞的狐狸。"

上官小仙笑道："这外号取得倒真不错。"

杨天道："一个人的名字会取错，外号那是绝不会错的。"

上官小仙道："可是那兄弟两个人却并不像珍珠，最多也只不过像两个土豆而已。"

杨天大笑。

上官小仙道:"现在他们的人呢?"

杨天道:"刚才他们要我带他们到飘香别院去,我就将他们带进了棺材。"

上官小仙叹道:"可惜了那两口棺材。"

杨天道:"然后我就把他们的断剑,放在飘香别院外的雪地上,故意让韩贞看见,别人才会认为他们是被叶开杀了的。"

上官小仙又笑道:"你果然是条狐狸。"

杨天道:"他们若是真到了飘香别院,逼着冒充叶开的丁灵琳出手,把戏岂非早就揭穿了?"

上官小仙道:"你千万莫小看了这位丁姑娘,她的功夫很不错。"

杨天笑了笑,道:"我从来也不敢小看任何女人的。"

上官小仙又问:"韩贞呢?"

杨天道:"他想必还站在那梅林里,等着心姑去救他。"

上官小仙道:"他想必已等得急死了。"

杨天笑道:"一个人孤孤单单地站在雪地里,那滋味的确不好受。"

上官小仙眼波流动,道:"你为什么还不去解除他的痛苦?"

杨天道:"用不着我去,他自己迟早会替自己解决的。"

上官小仙道:"可是你为什么不去让他少受点罪呢?一个人总该做一两件好事的。"

杨天道:"你要我去?"

上官小仙柔声道:"我要你去,我喜欢常常做好事的人。"

杨天叹了口气,道:"我本来规定自己,一天最多只杀一个人的,今天看样子却要破例了。"

第八章

金钱帮主

杨天走了,曙色已照进窗户。

上官小仙看着倒在地上的墨白、卫天鹏、心姑和铁姑,脸上又露出甜柔的微笑,喃喃道:"这地方看来的确已宽敞多了……"

曙色照进窗户,这一夜虽然长,总算已过去。

上官小仙俯下身,轻轻摇着叶开的身子,柔声道:"天早已亮了,你这懒虫还不起来?"

叶开呻吟了一声,竟真的张开眼睛,茫然四下望了一眼,仿佛想挣扎着站起来,又跌倒。他全身已连一点力气都没有。

上官小仙看着他,眼睛里充满了关怀,道:"你不舒服?"

叶开点点头,苦笑道:"我好像病了。"

上官小仙道:"什么病?"

叶开道:"笨病。"

上官小仙笑道:"笨也是病?"

叶开道:"不但是病,而且是种很厉害的病。"

上官小仙道："嗯。"

叶开道："你知不知狗熊他奶奶是怎么死的？"

上官小仙道："不知道。"

叶开道："是笨死的。"

上官小仙笑道："怎么会有笨死的人？"

叶开叹道："我本来也不相信，现在才知道，这世上笨死的人好像并不少。"

上官小仙道："你怕你自己也会笨死。"

叶开道："我已经病得很厉害了。"

上官小仙叹道："其实你并不笨，只不过心太软了一点而已。"

叶开苦笑道："若是心不软，我怎么会替人家抱泥娃娃？"

上官小仙道："那不是泥娃娃，那是我的好宝宝，乖宝宝。"

叶开道："他好像并不乖，他会咬人。"

上官小仙也笑了，道："但是他并不想真的咬死你，否则你用不着等到笨死，已经被毒死了。"

叶开道："你把他交给我的时候，已扭开了他肚子里的机簧？"

上官小仙道："并没有完全扭开，只开了一半。"

叶开道："等我看见丁灵琳倒下去，手上一用力，机簧完全开了。"

上官小仙笑道："他虽然叮了你一下，可是你也报了仇。"

她指着地上破碎的泥娃娃,道:"你看,他现在岂非已经被你摔死了。"

叶开没有看这泥娃娃。

若有好几个死人在旁边时,谁也不会去看泥娃娃的。

看着地上的尸身,叶开忍不住长叹道:"看来你果然不愧是上官金虹和林仙儿的女儿。"

上官小仙道:"哦!"

叶开道:"林仙儿的心毒,上官金虹的手狠,这两种优点你一个人就占全了。"

上官小仙微笑道:"你慢慢就会发现,我别的优点还很多。"

叶开道:"现在我只想问你一句话。"

上官小仙道:"你问。"

叶开道:"你是不是人?"

上官小仙还是面不改色,微笑道:"当然是人,是个女人,而且还是个很好看的女人。"

叶开道:"只可惜我看你并不像是个人,人不会做出这种事来的。"

上官小仙道:"什么事?"

叶开道:"你要害我,我明白,因为你要报仇,因为我恰巧是小李探花的弟子。"

上官小仙笑道:"这真是巧得很。"

叶开道:"但这些人却跟你完全无冤无仇,你为什么要杀了他们?"

上官小仙道:"因为一样东西。"

叶开道:"什么东西?"

上官小仙道:"你看这是什么?"

她果然拿出了一样东西,黄澄澄的,闪着金光。

叶开道:"这是一文钱。"

上官小仙道:"什么钱?"

叶开道:"金钱。"

上官小仙道:"你看不看得出钱上的字?"

叶开当然看得出,钱上有四个字。

"役鬼通神"。

第一缕阳光从窗外照进来,恰巧照在这枚金钱上。

上官小仙的眼睛里也在闪着光,道:"钱能役鬼,也能通神,你慢慢也会发现,这世上绝没有比钱再好的东西了。"

叶开已悚然动容,道:"这就是昔年'金钱帮'的标志。"

上官小仙点点头,道:"金钱帮是上官金虹创立的,我恰巧是上官金虹的女儿。"

叶开叹道:"真是太巧了。"

上官小仙道:"上官金虹虽然死了,我却还没有死。"

叶开道:"所以你要重振金钱帮?"

上官小仙道:"我至少总不能眼看着金钱帮就此毁灭。"

叶开道:"这件事你已计划了很久?"

上官小仙道:"不但已计划了很久,而且计划得很好。"

叶开道:"连杨天都被你收买了?"

上官小仙道:"他本就是条狐狸,会飞的狐狸。"

叶开道:"不但会飞,而且还会咬人,专咬朋友。"

上官小仙笑了笑,道:"幸好我并不是他的朋友。"

叶开道:"你是他的什么人?"

上官小仙道:"是他的老板,是他的帮主。"

叶开动容道:"你已经是金钱帮的帮主?"

上官小仙悠然道:"父亲的事业,岂非总是由子女继承的?"

叶开忍不住问道:"除了杨天外,你的伙计还有多少?"

上官小仙道:"伙计不计其数,大伙计却只有六个。"

叶开道:"六个?"

上官小仙道:"金钱帮的规矩,本有两大护法,四大堂主。"

叶开道:"这规矩我以前怎不知道?"

上官小仙道:"因为这是刚定的规矩。"

叶开道:"是谁定的?"

上官小仙道:"我。"

叶开只有苦笑。

上官小仙道:"现在四大堂主我已找全了,杨天就是其中之一。"

叶开道："还有三个是什么人？"

上官小仙笑得很神秘，道："你以后慢慢总会知道的。"

叶开道："现在我猜不出。"

上官小仙道："你连做梦都想不到。"

叶开又叹了口气，道："两大护法呢？"

上官小仙道："两大护法等于是我的左右手，我当然不能马虎。"

叶开道："所以你只找到一个。"

上官小仙笑得更神秘，道："现在我正在找第二个。"

叶开道："找谁？"

上官小仙道："你。"

叶开大笑。

上官小仙道："我并不是在说笑话，只要你答应，你就是金钱帮的第一护法。"

叶开笑道："我若答应，你肯相信？"

上官小仙也叹了口气，道："我不相信。"

她凝视着叶开，叹息着又道："你看来实在不像是个能让女人信任的男人。"

叶开道："那么我们这交易岂非根本就谈不成？"

上官小仙叹道："所以这实在是件很遗憾的事。"

叶开道："所以你只好杀了我。"

上官小仙道："我并不着急。"

叶开道："我着急。"

上官小仙道:"你急什么?"

叶开道:"万一我忽然又有了力气,一下子跳起来把你抓住,糊里糊涂地把你当泥娃娃摔破了,岂非很不好意思。"

上官小仙笑道:"那实在很不好意思,幸好你不会忽然有力气的。"

叶开道:"哦?"

上官小仙道:"你中的针上虽然没有毒,却有迷药。"

叶开道:"迷药?"

上官小仙道:"一种能让人浑身都软绵绵的迷药,只有一口气喝下五斤酒去,才能解得开。"

叶开笑道:"这种药一定是酒鬼做出来的,恰巧我也是个酒鬼。"

上官小仙道:"不巧的是,这附近连一两酒都没有。"

叶开的笑又变成苦笑,道:"你实在不是个好主人,连酒都不为客人准备一点。"

上官小仙眼波流动,媚笑道:"你应该知道,我一向只喂奶给别人吃的。"

叶开道:"可惜我不是泥娃娃。"

上官小仙笑道:"谁说你不是?我以后就要把你当作我的泥娃娃。"

她笑得虽甜,叶开心里却已发冷。

只要真做了这个女人的泥娃娃,那种滋味一定比死还难受。

就在这时,他看见杨天走了进来。

杨天的脸色很难看,看来就像是个嫉妒的丈夫。

上官小仙皱着眉回过头,立刻又嫣然一笑,道:"你看来并不像刚杀过人的样子,你杀过人之后,总是很开心的。"

杨天沉着脸,道:"我实在没法子开心。"

上官小仙道:"为什么?"

杨天道:"因为我没有人可杀。"

上官小仙道:"人呢?"

杨天道:"人不见了。"

人不见了!

上官小仙又皱起了眉,道:"你是说,韩贞不见了?"

杨天道:"是。"

上官小仙道:"他整个人都不见了?"

杨天道:"完完全全地不见了,连一根骨头都没有留下来。"

上官小仙道:"难道他忽然被个大怪物吞了下去?"

杨天道:"他是自己走的。"

上官小仙道:"你查过了雪地上的脚印?"

杨天道:"查过三遍。"

上官小仙道:"脚步是往什么地方去的?"

杨天道:"出了梅林,脚印也忽然不见了。"

上官小仙道："你没有到附近找过？"

杨天道："找过三遍。"

上官小仙道："你找不到？"

杨天道："连一根骨头都找不到。"

上官小仙道："地上有没有别人的脚印？"

杨天道："还是只有刚才几个人的脚印。"

上官小仙道："只有心姑、丁麟、我们的脚印？"

杨天道："不错。"

上官小仙道："所以他也不可能是被别人杀了再架走的？"

杨天道："绝不可能。"

在地上留下脚印的人，现在都绝不可能到那里去杀人。

上官小仙沉吟着道："他中了毒，只要一走动，立刻就可毒发致命。"

杨天道："不错。"

上官小仙道："所以我们本来都以为他绝不敢走动的。"

杨天道："不错。"

上官小仙道："可是他现在却已走了。"

杨天道："不错。"

上官小仙忽然叹了口气，道："但我们却错了，我们全都看错了他。"

杨天同意。

上官小仙叹道："原来他才是所有的这些人里面，最不好对付的一个。"

杨天也同意。

上官小仙目光闪动,道:"他想必早已看穿这件事有蹊跷,所以故意假装中毒,让别人不防备他,他才好全身而退。"

杨天道:"他的外号叫铁锥子。"

上官小仙道:"一个人的外号,是绝不会错的。"

杨天道:"所以无论你外面有多么厚的壳,他都能锥出个洞来。"

上官小仙沉吟着,徐徐道:"对付这种人,只有两个法子。"

杨天在听着。

上官小仙道:"若不能把他拉过来做我们的朋友,就得赶快杀了他。"

杨天道:"可惜他现在已走了。"

上官小仙道:"世上绝没有一个人,能突然一下子完全消失的。"

杨天道:"但是我却找不到他。"

上官小仙笑了笑,道:"你找不到他,并不表示别人也找不到他。"

她走过去拍了拍杨天的肩,微笑着道:"莫忘记还有我哩。"

杨天道:"你要去找?"

上官小仙柔声道:"你乖乖地陪小叶在这里等着,我带糖糖回来给你们吃。"

杨天坐下来,坐在叶开对面。

他规规矩矩地坐在那里,看来真是规规矩矩的生意人。

叶开看着他,忽然叹了口气,道:"她说她要带糖回来给我们吃。"

杨天道:"嗯。"

叶开苦笑道:"自从三岁以后,我就没有吃过糖了。"

杨天道:"哦。"

叶开道:"现在我只想喝点酒。"

杨天道:"你若不喝酒,那才是怪事。"

叶开笑道:"你的确很了解我,我们毕竟是老朋友了。"

杨天冷冷道:"像我这样的朋友,你幸好还没有几个。"

叶开道:"不管你怎么样对我,我们毕竟还是老朋友,朋友跟酒一样,都是老的好。"

杨天道:"你真的这么想喝酒?"

叶开叹道:"你知道,我现在的心情很不好。"

杨天承认:"无论谁遇着你这种事,心情都不会好的。"

叶开道:"心情不好的人,总是想喝点酒的。"

杨天也同意:"除了喝酒外,你的确已没什么事好做的了。"

叶开道:"所以你若看在我们是老朋友的分儿上,就该弄点酒给我。"

杨天考虑着,忽然站起来,道:"好,我去替你找酒,你最好乖乖地在这里等着,莫要想逃走。"

叶开看着他走出去,眼睛已亮了起来。

人,总是有人性的。

他对这人性忽然又充满了希望,又觉得杨天这个人并不能算太坏。

杨天居然很快就回来了,手里提着个大铜壶,分量好像很重。

壶里的酒就算并没有装满,至少也有五六斤。

叶开喝酒一向很快的,他已决定,等自己力气恢复了之后,也绝不向杨天报复。

一个人若是还肯去替他的老朋友找酒喝,这个人总算还不是无可救药的。

杨天道:"你没有逃。"

叶开笑道:"因为我知道逃不了的。"

杨天道:"很好。"

他把铜壶摆在地上。

叶开连站都站不起来,道:"你不能送过来?"

"我跟你还是距离远一点好。"

叶开叹了口气,只好挣扎着爬过来,凑过嘴去喝了一口。

只喝了一口。

他的脸色忽然变了:"这不是酒。"

杨天冷冷地看着他,脸上一点表情也没有,冷冷道:"我们也不是朋友。"

叶开道:"你……你为什么骗我?"

杨天道:"因为我想看看你在地上爬的时候,是什么样子。"

叶开连指尖都已冷透,简直恨不得一下子扑过去,把这壶冷水全都灌进他脖子里。

杨天冷笑道:"这只不过是壶水而已,我没有灌一壶尿来给你喝,已经是你的运气了。"

叶开又叹了口气,道:"我实在不懂,你为什么会如此恨我?"

杨天道:"我一向不喜欢泥娃娃。"

叶开忽然明白了:"你在吃醋?"他吃惊地看着杨天,"你难道真的喜欢上官小仙?你难道还不明白她是个什么样的女人?"

杨天眼内的肌肉在跳动,紧握着双拳,一字字道:"我只明白一件事。"

叶开道:"你说。"

杨天的脸发青,厉声道:"只要你再开口说一个字,我就打掉你的满嘴牙齿。"

嘴里若是没有牙齿,那滋味也不好受的。

叶开只有叹息。

他忽然发现,无论多聪明的男人若是真的喜欢上一个女人时,他在这个女人面前立刻就会变成呆子。

现在该怎么办呢?一点办法也没有,无论谁到了这种时候,都只有等着。

等死?

叶开只觉得满嘴发苦,他现在真的想喝酒了。

杨天慢慢地站起来,推开窗子。窗外的风好冷。

杨天长长地吸了口气,突听一个人在身后冷冷道:"你在找我?"

第九章

嵩阳铁剑

韩贞!

铁锥子竟已到了他身后。

杨天没有回头,身子陡然拔起,凌空翻身,贴在屋顶上。

他没有看见韩贞。

门外却又有一个人的声音传进来:

"好轻功,果然不愧是飞狐!"

这又是韩贞的声音。

杨天一翻腕,从腰畔拿下了条银光闪闪的链子枪,在屋顶上滑出一丈,贴着墙壁滑下,滑到门后,突然挥枪冲出。

门外也没有人。

只听身后一人道:"我在这里。"

韩贞竟已从外面绕过来,向窗外一掠而入,又到了他身后。

杨天反手挥枪,一条软兵刃竟被他抖得笔直,直刺韩贞咽喉。

无论谁都看得出，他在这条链子枪上，至少已有二十年的功夫。

谁知韩贞的武功，竟远比他想象中可怕十倍。

突然出手，就已抄住了他的枪尖。

杨天想不到这人的出手竟如此快，猛一挫腕，全力夺枪。

韩贞的手竟又突然松开。

杨天重心骤失，踉跄后退。

韩贞竟已闪电般地扑了过来，一伸手，就已点了他前胸的大穴。

叶开叹了口气，他也实在想不到，这个被他一拳打扁了鼻子的人，竟有这么高的武功。

"砰"的一声，杨天已重重地跌在地上，韩贞连看都不再看一眼，回身拉住了叶开，沉声道："你还能不能站起来？"

叶开摇摇头，苦笑道："你真是来救我的？"

韩贞沉着脸没开口，拦腰把他抄了起来，道："你先跟我走。"

叶开道："还有丁灵琳。"

韩贞皱了皱眉，道："你还要带她走？"

叶开叹了口气，道："刚才还有人说，我这人最大的毛病，就是心太软。"

韩贞冷冷道："现在你的腿也很软。"

叶开道："幸好小丁只不过是被点了穴道，你只要拍开她的穴道就行了。"

他赶紧又笑了笑,接着道:"只不过你出手千万不能像杨天么重,我并不想要个死老婆。"

地室里阴暗潮湿,而且冷得要命。

幸好屋角还有张木板床,床上居然还有条棉被。

叶开倒在床上,才长长吐出口气,他知道自己现在已不必做人家的泥娃娃了。

丁灵琳用力搓着手,道:"这地方好冷。"

韩贞道:"冷比不冷好。"

丁灵琳忍不住问道:"为什么?"

韩贞道:"因为你总算还活着,死人就不会觉得冷了。"

丁灵琳叹了口气,嫣然道:"不管怎么样,能活着总是不坏的。"

叶开也叹了口气,道:"实在不坏。"

他看着韩贞,忽然问道:"你的鼻子怎么样了?"

韩贞道:"还在疼。"

叶开苦笑道:"我的鼻子若还在痛时,我就绝不会去救那个打扁我鼻子的人。"

韩贞道:"也许我的心比你还软。"

叶开道:"幸好你的心并不坏。"

他忽又问道:"你知不知道一件事?"

韩贞道:"什么事?"

叶开道:"我见过很多当地的武林高手,都可以算是一等的高手,那其中武功最高的一个你知不知道是谁?"

韩贞道："是我！"

叶开又笑了，道："你好像并不太谦虚。"

韩贞道："我一向很坦白。"

叶开道："所以我奇怪。"

韩贞道："奇怪我太坦白？"

叶开摇摇头，道："奇怪的事很多。"

韩贞道："你可以一件件地说。"

丁灵琳已走过去，依偎在叶开身旁，握着叶开的手，她也在听着。

叶开笑了笑，道："听说你中了一动就死的毒，现在你动了，却还活着。"

韩贞道："无论什么毒，都有解药。"

叶开道："连魔教的毒你也能解？"

韩贞道："我还活着。"

叶开道："所以我在奇怪。"

韩贞道："奇怪我还能活着？"

叶开道："奇怪你活得并不好。"

韩贞道："我活得为什么不好？"

叶开道："像你这样的人，本该活得更好些的。"

韩贞沉吟着，道："你是说，我本不该在卫天鹏门下讨饭吃的？"

叶开道："不错。"

他微笑着，又道："卫天鹏并不是个很好的主人，你本不该如此委屈自己，更不该站在那里挨我一拳的。"

韩贞沉默，似在考虑有些话他是不是应该说出来。

叶开道:"你挨我那一拳,显然是因为你不愿在别人面前显露你的武功。"

韩贞终于叹息了一声,道:"我有原因。"

叶开道:"我知道其中一定有原因。"

韩贞道:"我在避仇。"

叶开道:"避仇?"

韩贞道:"我的仇家绝对想不到我会避在卫天鹏家里做食客。"

叶开道:"你本来的名字不是韩贞?"

韩贞道:"不是。"

叶开道:"你的仇家是谁?"

韩贞道:"是个很可怕的人。"

叶开叹道:"我想得到,连你这种人都在躲避他,他当然可怕。"

韩贞道:"那么你也该想到,我为什么要救你了。"

叶开道:"你想要我助你一臂之力,对付你的仇家?"

韩贞道:"我知道你是个很有用的朋友,也是个恩怨分明的人。"

叶开笑了笑,道:"我也不想太谦虚。"

韩贞道:"一个恩怨分明的人,为了报那救命之恩,往往什么事都肯做的。"

叶开道:"那么你现在至少应该告诉我,你究竟要我做什么。"

韩贞道:"以后我当然会告诉你,现在……"

他突然改变话题,道:"你受的伤好像并不重,怎么连站都站不起来?"

叶开道:"因为我还没有喝酒。"

韩贞道:"现在你想喝?"

叶开微笑道:"喝了酒之后,我的心也许会更软,腿却绝不会软了。"

韩贞道:"酒能治你的伤?"

叶开笑道:"我受的伤很特别。"

丁灵琳忍不住插口笑道:"我相信有很多人,一定都愿意受你这种伤的。"

韩贞道:"好,我去替你找酒。"

叶开道:"酒不能少。"

丁灵琳笑道:"下酒菜也不能少,最好再找套男人衣服来,我实在看不惯他这种不男不女的样子。"

韩贞扫了她一眼,淡淡道:"你的样子好像也跟他差不多。"

丁灵琳的脸红了,她忽然想起自己身上穿的是套男人衣服。

有很多人都是这样子的,只能看得见别人的错,却忘了自己的。

韩贞已走了。这地方只有一扇门,上面也是冷香园里的一处别院,韩贞认为上官小仙绝对想不到他们还留在冷香园,叶开也同意。

愈是明显的地方，人们反而愈不会留意——这也正是人类的弱点之一。

丁灵琳叹道："除了我们两个人外，只有上官小仙知道我们的行动，我们本该想到消息是她故意泄漏出去的，这本是件很明显的事。"

叶开苦笑道："也许就因为太明显了，所以我们才想不到。"

丁灵琳道："我们也应该想到，上官金虹和林仙儿的女儿若是白痴，天下的人都应该是白痴了。"

叶开道："她一定已把我们看成白痴。"

丁灵琳道："看来她好像比她的爹娘还厉害。"

叶开叹道："上官金虹太专横，林仙儿太软弱，这两种毛病她却没有。"

丁灵琳道："但她还是有弱点的。"

叶开道："哦？"

丁灵琳道："她若没有弱点，我们怎么能到这里来。"

叶开道："她唯一做错了的事，就是她低估了韩贞。"

丁灵琳道："我不喜欢这个人。"

叶开："不喜欢韩贞？"

丁灵琳道："嗯。"

叶开笑了笑，道："他也并不要你喜欢他。"

丁灵琳眨了眨眼睛，道："这也许只因为他知道我快要做你老婆了。"

叶开好像吃了一惊："你说什么？"

丁灵琳笑道："你说你不想要个死老婆，我现在并没有死。"

叶开叹了口气，道："你这个人的耳朵倒真长。"

丁灵琳道："我虽然不能动，也不能说话，但你们说的话，我每句都听得清清楚楚。"

叶开道："哦。"

丁灵琳嘟起嘴，道："那个人要喂你吃奶的时候，我真恨不得咬她一口。"

叶开叹道："老实说，我也很想咬她一口。"

丁灵琳又笑了，忽然抱住了叶开的脖子，轻轻道："老实说，你准备在什么时候娶我？"

叶开道："在你不吃醋的时候。"

丁灵琳笑道："傻瓜，女人若不吃醋，就不是女人了，这道理你都不懂。"

突听一个人冷冷道："他不懂，他只会杀人。"

地室的门在上面，声音就是从上面传下来的。

韩贞走的时候，他们并没有将这扇门从里面闩起，现在再想去闩，已来不及了。

这句话刚说完，已有个人走了下来。

丁灵琳先吃了一惊，又叹了口气，来的不是上官小仙，总算是不幸中的大幸。

来的是个男人。

是个无论谁都不愿见到的那种男人——无论谁都不

愿遇见僵尸的。

　　这个人看来就像是个僵尸,脸是死灰色的,颧骨高耸,鹰鼻阔口,好像连一丝肉都没有,眼睛里却闪动着一种惨碧的光。

　　他的身材很高,身上穿着件绣满了黑牡丹的鲜红长袍。

　　袖子也很长,盖住了一双手。

　　无论谁看见这么样一个人,都难免要大吃一惊的,丁灵琳却反而松了口气。

　　她想说这个人至少还比上官小仙好看些。

　　在她眼中,这世上简直已没有比上官小仙更可怕的人了。

　　叶开看着这个人走下来,心也跟着沉了下去。

　　他看到这个人走路的姿态,就知道丁灵琳绝不是这个人的对手。

　　他自己现在却连丁灵琳都比不上,就算是个十来岁的孩子,也可以一拳把他打倒。

　　丁灵琳却已跳起来,大声道:"你凭什么不问青红皂白就闯进人家屋里来,你懂不懂规矩?"

　　这人冷冷道:"我不懂,我也只懂杀人,但我却比不上你。"

　　叶开苦笑道:"你太客气了。"

　　这人道:"刚才我已数了一遍,这地方前前后后,里里外外,一共死了八十三个人。"

　　墨家的弟子,铁姑的门下,和冷香园中的管事们,竟已没有一个活的。

这人阴恻恻笑道:"一夜中就杀了八十三个人,好大的手笔,好大的气魄。"

叶开道:"你以为人都是我杀的?"

这人道:"我只知道他们都死了,你却还活着。"

叶开道:"活着的并不止我一个。"

这人道:"只有你一个。"

叶开道:"你没有看见别的人?"

这人道:"没有。"

丁灵琳忍不住问道:"上官小仙呢?"

这人道:"我正想问你们,她在哪里?"

丁灵琳道:"我们怎么会知道她在哪里?我们也在躲着她。"

这人笑了。

丁灵琳不喜欢这种笑,没有人喜欢这种笑。

这人阴恻恻笑道:"她本是跟着你们来的,你们却在躲着她?"

叶开的心在往下沉,他已知道这件事的确很难解释。

丁灵琳却是一副理直气壮的样子,大声道:"不错,她是跟我们来的,那只不过因为我们也上了她的当。"

这人冷笑。

丁灵琳道:"人都是她杀的。"

这人冷笑着打断她的话,道:"她为什么不连你们也一起杀了?"

丁灵琳道:"因为韩贞将我们救了出来。"

这人道:"韩贞呢?"

丁灵琳道:"找酒去了。"

这人道:"这种时候,你们还想喝酒,他还肯去替你找酒?"

丁灵琳道:"你不信?"

这人道:"上官小仙杀人的时候,你们都在旁边看着?"

丁灵琳道:"因为我也被她点了穴道。"

这人道:"你呢?"

他问的是叶开,丁灵琳却摇头道:"他也中了暗算,全身已连一点力气都没有,怎么能……"

说到这里,她才发现自己说错了话。

这人的眼睛里已发出了光,瞪着叶开,阴森森道:"你已连一点力气都没有?"

叶开只有苦笑。

他忽然发现,要女人不多嘴,简直要比骆驼穿过针眼还困难。

这人盯着他,一字字道:"你若真的已连一点力气都没有,我就杀了你。"

丁灵琳大喝一声,扑了过来。

她的武功并不弱,此刻"夺命金铃"虽不在身上,但这全力一击,也不是别人能轻易招架的。

谁知这人长袖一挥,竟将她的人挥了出去,"砰"的一声,撞在墙上。

这人的手已从长袖中伸出,闪电般向叶开的咽喉抓了过去。

这只手竟是红的。血红!

红魔手!

无论谁只要被红魔手一抓,都必死无疑。

叶开并不想死,也不敢招架,只有用尽全身力气,想往后退。

忽然间,他的人已凌空飞起。

他的力气竟又忽然来了,往后一退,人已飞起,贴着墙壁滑了上去。

红魔手并没有乘势追击,只冷冷地看着他,冷笑道:"你说你已连一点力气都没有,这力气是从哪里来的?"

叶开苦笑道:"我也不懂。"

这是实话,是句没有人会相信的实话。

只听门外一个人冷冷道:"你是不是只懂得杀人?"

这次来的人也不是上官小仙,是个高大魁伟的黑衣人,身后背着柄长剑。

剑是黑的,衣服是黑的,脸也是黧黑的,一双漆黑的眸子闪闪发光。

他本来是个很高大的人,却并不显得臃肿。

他整个人看来就像是一只黑色的鹰,矫健,剽悍,残酷,充满了野性的动力。

红魔手抬起头,看见了他背后的长剑,瞳孔突然收缩。

黑衣人发亮的眼睛,也正在盯着那只血红的手……

仿佛并不是只有血有肉的手。

你只有在噩梦中才能看见这么样一只手。

黑衣人的瞳孔似乎也在收缩，一字字道："伊夜哭？"

伊夜哭点点头，缓缓道："青魔日哭，赤魔夜哭，天地皆哭，日月不出！"

黑衣人淡淡道："我知道你。"

伊夜哭道："我也知道你。"

黑衣人道："哦！"

伊夜哭道："你是嵩阳郭家的人？"

黑衣人道："郭定。"

伊夜哭冷冷道："嵩阳铁剑，杀人无算，只怕还比不上这个人。"

郭定道："叶开？"

伊夜哭道："想不到你也知道他。"

郭定冷冷道："一夜之间，连伤八十三条人命，这并不容易。"

伊夜哭道："但他一口否认。"

郭定冷笑。

伊夜哭道："据他说杀人的凶手是上官小仙。"

郭定道："上官小仙是个白痴，世上没有杀人的白痴。"

伊夜哭道："你不信？"

郭定道："不信。"

伊夜哭道："他说他自己也险些死在上官小仙手里，

只怕他已全无丝毫力气。"

郭定道:"他看来并不像中了暗算的人。"

伊夜哭道:"你不信?"

郭定道:"不信。"

伊夜哭道:"他说他现在还活着,只不过因为韩贞救了他。"

郭定道:"据我所知,韩贞才是中了暗算的人。"

伊夜哭道:"他说韩贞此刻不在这里,是替他找酒去了。"

郭定道:"现在好像并不是喝酒的时候。"

伊夜哭道:"他说的话你完全不信?"

郭定道:"完全不信。"

伊夜哭道:"我也不信。"

叶开叹了口气,连他自己也觉得这些话实在很难令人相信。

丁灵琳忽然道:"你们知道韩贞受了暗算,知道上官小仙是跟我们来的?"

郭定凝视着她,慢慢地点了点头。

丁灵琳道:"这些事是谁告诉你们的?"

郭定道:"一个侥幸未死的人。"

丁灵琳道:"杨天?"

郭定默认。

丁灵琳道:"你怎么知道他说的是真话?"

郭定道:"他是我的朋友。"

丁灵琳忍不住冷笑,道:"你有这么样的朋友,真是走运了。"

伊夜哭道："他虽然不是我的朋友，他的话我也相信。"

丁灵琳道："为什么？"

伊夜哭道："事实俱在，我不能不信。"

丁灵琳道："什么事实？"

伊夜哭道："你们杀了所有知道内情的人，藏起了上官小仙，准备以后再嫁祸给别人，金钱帮的宝藏岂非就已稳稳地落入你们手里？"

丁灵琳脸色变了。

她忽然也发觉，这推测实在不能算不合理。

郭定还在凝视着她，深深道："你说的话若有人证明，我也相信。"

丁灵琳的眼睛亮了，道："我们说的话，幸好还有一个人可以证明。"

郭定道："韩贞？"

丁灵琳道："不错。"

郭定道："他去替你们找酒去了？"

丁灵琳道："不错。"

郭定道："既然只不过是去找酒，当然很快就会回来。"

丁灵琳道："你最好等他回来。"

郭定道："好，我们等。"

伊夜哭道："你真的要等？"

郭定道："我已说过。"

伊夜哭道:"等他们的帮手来,将我们也一起杀了?"

郭定沉下了脸,冷冷道:"你是你,我是我,并不是我们。"

伊夜哭盯着他,目光阴森如鬼火,冷冷道:"你莫非还不愿与我为伍?"

郭定冷笑,冷笑的意思也是默认。

伊夜哭道:"昔年嵩阳铁剑在兵器谱中排名第四,的确可以算是了不起的大英雄,只可惜……"

郭定沉着脸道:"只可惜怎么样?"

伊夜哭道:"只可惜你并不是郭嵩阳,郭嵩阳的尸首只怕早已化成灰了。"

郭定黑黝黝的脸,忽然变得铁青。

伊夜哭冷冷道:"死人就是死人,所有的死人都一样,莫忘记大剑客死了,尸身也跟别人一样会腐烂发臭的。"

郭定紧握双拳,一字字道:"你最好也莫要忘记一件事。"

伊夜哭道:"什么事?"

郭定厉声道:"郭嵩阳虽死了,嵩阳铁剑却没有死。"

伊夜哭冷笑道:"嵩阳铁剑难道还想带着这杀人的凶手来对付我?"

郭定不说话了。

伊夜哭道:"郭嵩阳是死在荆无命剑下的,荆无命的剑法,传自上官金虹。"

郭定的拳又握紧。

伊夜哭道:"你若是郭家的好子孙,就该与我联手,除了叶开,找出上官小仙,再从上官金虹手上的武功秘笈中,找出他们剑法中的瑕疵,与荆无命决一胜负,为郭嵩阳死后的英灵出一口气。"

他看来虽然孤僻古怪,但说出来的话却极有煽动力。

郭定已不禁悚然动容。

伊夜哭看着他脸上的表情,悠然道:"你的意思如何?"

郭定道:"很好。"

伊夜哭道:"你已答应?"

郭定道:"嗯。"

伊夜哭大笑道:"只要你我联手,别说区区一个叶开,放眼天下,又有谁能与我们较一日之短长?"

郭定一反手腕,已握住了剑柄。

伊夜哭的笑声骤然停顿,盯着叶开阴恻恻道:"这地方别无退路,看来今日你已死定了。"

第十章

群鹰飞起

清晨，晴。

风却比昨夜更冷，雪融的时候，总是比下雪时还冷的。

现在雪已将融，东方已有阳光照射，照着灿烂的梅林。

地室中却仍是阴沉的。

丁灵琳已走过来，依在叶开身旁。

叶开静静地站着，既没有开口，也没有动，眼睛里竟似还带着种奇怪的笑意。

伊夜哭盯着他的手，沉声道："你对付他，我杀了这女人再来助你。"

郭定道："嗯。"

伊夜哭道："小心他的飞刀。"

郭定道："你也得小心，小心我的剑。"

伊夜哭愕然道："小心你的剑？"

郭定道："嗯！"

突然间，剑光一闪，他的剑已出手，闪电般向伊夜哭刺了过去。

剑光并不像闪电。剑是乌黑的,并没有什么光华,但森寒的剑气却比闪电更慑人。

这就是嵩阳铁剑。

普天之下,独一无二的嵩阳铁剑。

剑一出鞘,伊夜哭就觉得有股慑人的剑气,逼到了他的眉睫。

他大惊,暴怒,狂吼一声,红魔手已血箭般飞了出去。

昔年青魔手在兵器谱中排名第九,其实他的威力并不在排名第六的鞭神蛇鞭、排名第七的金刚铁拐之下,只不过因为这件兵器太邪,所以百晓生故意抑低了它。

红魔手制作得比青魔手更精巧,招式也更怪异毒辣。

兵器也正如世上很多别的事一样,总是在不停地进化着的。

只见一道鲜红色的光芒闪动,夹带着种令人作呕的血腥气。

郭定冷笑,后退两步,突然长啸一声,冲天飞起,铁剑竟已化作了一道乌黑的长虹。

他的人和剑竟似已合而为一。

这正是嵩阳铁剑的杀手锏,几乎已接近无坚不摧。

只听"叮"的一响,红魔手已被这一剑击碎,碎成了无数片,看来就如满天血雨。

郭定长啸不绝,凌空倒翻,长虹一剑又化作无数点光影。

满天血雨立刻被压了下去，伊夜哭的人也已在剑气笼罩下。

他无论向任何方向闪避，都已避不开了，就在这时，啸声突绝，剑气顿收，郭定身形落下时，铁剑已入鞘。

伊夜哭的手垂落，整个人都似已呆住了，阴森怪异的脸上，汗落如雨。

郭定冷冷地看着他，一字字道："你要和我联手，你还不配。"

伊夜哭咬了咬牙，道："你为何不索性一剑杀了我？"

郭定道："你也不配。"

伊夜哭道："你要怎么样？"

郭定道："要你滚。"

伊夜哭突又阴恻恻地笑了，道："我若走了，总有一天你要后悔的。"

他并没有逃。

他慢慢地走过郭定面前，慢慢地走了出去。

碎裂了的红魔手落在地上，也像是一滴滴鲜血。

郭定转过身面对叶开。

叶开在微笑。

郭定沉着脸，道："你很沉得住气。"

叶开点点头。

郭定道："你不怕我跟他联手对付你？"

叶开道："我知道。"

郭定道:"知道什么?"

叶开笑了笑,道:"我知道嵩阳铁剑是好人,绝不会跟那种人联手做任何事的。"

郭定凝视着他,但眼睛里带着种很奇怪的表情,过了很久,才徐徐道:"郭嵩阳是我的长兄。"

叶开微笑道:"果然是有其兄必有其弟。"

郭定道:"他英雄一世,竟不幸死在荆无命手里。"

叶开叹了口气道:"那也正是小李探花生平最大的憾事。"

嵩阳铁剑与小李飞刀惺惺相惜,由互相尊重的敌人,变成了互相尊重的朋友,他们一生互相尊重,郭嵩阳为了替李寻欢赴约,才死在荆无命的剑下。那虽然是一段恨事,却也是一段佳话。

郭定道:"伊夜哭并没有说错,我此来的确是为了上官金虹的秘笈。"

叶开道:"我知道。"

郭定道:"所以我还是要等韩贞。"

叶开道:"我知道。"

郭定道:"你的话,我本不该相信,我姑且相信你,只因为你是李寻欢唯一的传人。"

叶开叹道:"他老人家并没有真的将我收为弟子,他的武功,我十成中连一成都跟不上。"

郭定道:"但他却将他的飞刀绝技传给了你。"

叶开没有否认。

郭定道:"家兄在世时,最大的愿望,就是找小李飞刀一较高下。"

叶开道:"我知道。"

郭定黯然道:"兴云庄外,枫林一战,他终于败在小李飞刀之下。"

叶开道:"他并没有败。"

郭定又长叹道:"他败了,败就是败。"

叶开道:"但那一战却被天下武林中人,认为是前无古人,后无来者的一战。"

那一战李寻欢本有三次机会可置郭嵩阳的死命,却都未出手。到后来李寻欢刀钝刃折,郭嵩阳说不定已可置他于死地,但郭嵩阳非但也未出手,反而心甘情愿地认败服输了。

叶开道:"像他们那样,才真正是男子汉大丈夫,才真正无愧于英雄本色。"

郭定道:"只不过无论如何,嵩阳铁剑总算是已败在小李飞刀下。"

叶开只有沉默,他已不能再说什么。

郭定看着他,目中突然又有精光暴射,冷笑道:"据说近日来又有人重作兵器谱,已将你的飞刀,评为天下第一。"

叶开苦笑。他也听过这句话。

自从他听到这句话的那一天,他就已知道他有麻烦要来了,武林好汉们,绝没有任何人会心甘情愿被列在别人之下的。

就凭这一句话,已足够引起无数凶杀,无数血战。

郭定道:"所以无论你说的话是真是假,此事过后我还是要与你一较胜负,看一看今日的嵩阳铁剑,是不是还在飞刀之下。"

叶开还是只有苦笑。

丁灵琳却忍不住道:"你最好明白一件事。"

郭定在听着。

丁灵琳道:"他的刀被评为天下第一,是因为他的刀救过很多人,并不是因为杀人。"

郭定道:"我也听说过。"

丁灵琳道:"所以你若要胜过他,就该去救人,不该去杀人。"

郭定沉着脸,冷冷道:"我若杀了他,就已胜过他。"

丁灵琳叹道:"你错了,你就算真的能杀了他,也永远不能胜过他的。"

郭定冷笑。

冷笑的意思,有时也是否认。

丁灵琳也忍不住冷笑道:"你莫以为你胜了红魔手,就已很了不起,红魔手虽然比青魔手更要恶毒灵巧,却还是比不上青魔手的。"

郭定道:"哦?"

丁灵琳道:"因为伊夜哭这个人既没有气魄,也没有个性。"

郭定道:"哦?"

丁灵琳道:"他看来虽然孤高骄傲,其实却是个花言巧语、投机取巧的人，就凭这一点，他已比不上青魔手了。"

郭定看着她，眼睛里也露出种很奇怪的表情。

丁灵琳道："古往今来，真正的武林高手，都是特立独行，不受影响的人，一个人若连自己独特的个性都没有，又怎么能练得独特的武功来？"

郭定忽然冷冷道："你说的话并不是没有道理，只可惜你的话太多了。"

他背转身，面对着墙，竟连看都不再看丁灵琳一眼。

丁灵琳却笑了，道："看来这个人倒真是有个性的人。"

叶开微笑道："他的确是的。"

丁灵琳眨着眼，道："只可惜他却有点不明是非，不知好歹，居然将杨天那种人当作了朋友。"

叶开叹了口气，道："我以前岂非也曾将杨天当作朋友？"

丁灵琳道："所以你现在才会这么倒霉。"

郭定本来似已决心不听他们说的话，此刻忽又回过头，道："杨天不是个好朋友？"

叶开不能不承认："他不是。"

郭定道："他出卖了你们？"

叶开也不能否认。

郭定道："他和上官小仙串通，出卖了你们？"

丁灵琳道："他好像已被上官小仙迷住了。"

郭定道："但你们本来也是要保护上官小仙的，除去你们,对上官小仙并没有好处。"

丁灵琳道:"她要重振金钱帮,杨天已做了金钱帮的堂主。"

郭定道:"所以她要除去所有可能跟金钱帮作对的人。"

丁灵琳叹道:"你总算明白了。"

郭定道:"金钱帮要是再度兴起,我也一定会跟他们作对的。"

丁灵琳道:"所以他约你来,恐怕也不会有什么好意。"

郭定道:"现在我已来了,他们为什么不对我下手?难道她早已知道你们会被韩贞救走?故意要我来对付你们?难道韩贞也是金钱帮的人,故意将你们救出来对付我?"

丁灵琳说不出话来了。

她想的并没有这么多,现在才想到,这并非没有可能。

叶开忽然叹了口气,道:"无论如何,韩贞总是我们的救命恩人。"

郭定道:"他有理由救你们?"

叶开道:"有。"

郭定道:"他是不是也有理由出卖你们?"

叶开道:"我不愿这么样想。"

郭定:"你是个恩怨分明的人。"

叶开苦笑道:"有人这么说过。"

郭定道:"韩贞若真是你们的朋友,现在就早已该回来了。"

叶开道:"并不是每个地方都能找到酒的。"

郭定道:"据我所知,这地方应该有个酒窖。"

叶开道:"也许上官小仙已将那酒窖毁了。"

郭定道:"为什么?"

叶开道:"因为只有酒才可以解我的毒。"

郭定道:"你现在并没有喝酒,但你中的毒也已解了。"

叶开也说不出话来了。

郭定冷冷地说道:"用酒来解毒,不但荒谬透顶,而且处处矛盾,就连三岁的孩子,只怕都不会相信的。"

叶开不想辩白,也不能辩白。

郭定看着他,忽然长长叹了口气,道:"但也不知为了什么,我居然相信了。"

丁灵琳的眼睛亮了起来,笑道:"我就知道你是个明白人。"

郭定又沉下了脸,道:"也许就因为我不是个明白人,所以我才会相信。"

丁灵琳道:"你放心,我们绝不会让你后悔的。"

郭定冷冷道:"但你们若找不到上官小仙、杨天和韩贞,我却一定会要你们后悔的。"

丁灵琳道:"用不着你说,我们也一定要找到他们。"

郭定道:"我给你们三十六个时辰去找。"

他不让丁灵琳开口,接着又道:"三天之后,我还会回到这里来找你们,为了你们自己好,我希望你们能找到那些人。"

丁灵琳道:"有三天工夫,想必已足够了。"

郭定已走了出去,忽又回头,道:"还有一件事,我要告诉你们。"

丁灵琳道:"我们在听。"

郭定道:"要找你们算账的人,并不只我一个,就算我相信了你们的话,别人也绝不会相信的,所以这两天你们最好小心。"

叶开忍不住问道:"除了你和伊夜哭外,还有些什么人?"

郭定沉吟着,忽然问道:"你有没有去猎过狐?"

叶开点点头。

郭定目光似已到了遥远处,徐徐道:"猎狐最好的时候,通常是在九月。"

丁灵琳道:"九月?"

郭定道:"那时秋高气爽,辽阔的原野上,只要有一只狐狸出现,就会有无数只苍鹰飞起,只要有鹰飞起,那只狐狸就死定了。"

丁灵琳道:"你现在为什么要说这些话?现在并不是九月。"

郭定徐徐道:"但现在却是猎狐的时候,已有群鹰飞起……"

他眼睛里闪着光,仿佛已看到无数只矫健的苍鹰,在长安城上的天空中飞翔。

丁灵琳终于明白:"难道我们就是那只狐狸?"

郭定没有再说话。

他头也不回地走上石阶,走了出去。

丁灵琳目送着他走出去,痴痴地怔了半响,喃喃道:"这人究竟是我们的朋友,还是我们的仇敌?"

叶开没有回答,他仿佛也不知道该怎么样回答。

丁灵琳叹了口气,道:"不管怎么样,这个人却不能算是个坏人。"

叶开道:"的确不能。"

丁灵琳道:"他不但很正直,而且还很有趣。"

叶开笑了笑,道:"他看来也很喜欢你。"

丁灵琳道:"他喜欢我?"

叶开道:"我看得出。"

丁灵琳道:"哦?"

叶开道:"男人若是喜欢上一个女人,他看到这个女人时,眼睛里的表情都会不一样的。"

丁灵琳忽然笑了:"你在吃醋了。"

她笑得就像是第一朵在春风中开放的百合:"我喜欢吃醋的男人,想不到你居然也会吃醋了。"

叶开叹了口气,道:"我现在并不想吃醋,只想吃一只炖得很烂的大蹄髈。"

丁灵琳看着他,眼睛里露出种很奇怪的表情,咬着嘴唇道:"还有呢?"

叶开道:"还有一大盆水,一张又软又干净的床……"

他看着她,眼睛里也带着种很奇怪的表情。

丁灵琳呻吟般叹了口气,轻轻道:"你想的事为什么跟我一样?"

叶开微笑道:"因为我们已很久没有见面了,是不是?"

丁灵琳的脸突然红了,忽然跳起来咬了他一口:"你实在不是好东西,我咬死你……"

床很软,也很干净。

叶开躺在床上,他还没有被咬死,可是看起来也并不像很快活的样子。

丁灵琳伏在他胸膛上。

他的胸膛宽阔而坚实。

屋子里很温暖,就像是春天一样,盆里的火还很旺。

在这么温暖的屋子里,一个人是不必穿太多衣服的。

两个人更不必。

丁灵琳忽然轻轻叹了口气,轻轻道:"我们还没有成亲,本不该这样子的。"

叶开道:"嗯。"

丁灵琳梦呓般低语着:"我总觉得这样子是不道德的,我总觉得我们好像犯了罪一样,但也不知道为了什么,我每次都没法子拒绝你。"

叶开道:"我知道。"

丁灵琳道："你知道？"

叶开看着她，眼睛更充满了爱怜笑意，深深道："你没有拒绝我，只因为你比我更喜欢做这种犯罪的事。"

丁灵琳脸又红了，用力咬着他的耳朵，恨恨道："你这个坏人，你还知道什么？"

突听一人道："他还知道杀人。"

这声音清脆娇美，而且还仿佛带着种孩子般的天真。

上官小仙。

"我们没有去找她，她反而找上门来了。"

丁灵琳爬了起来。

她当然没有真的爬起来，她想爬起来的时候，才发现自己身上少了点东西。

就在这时，从里面闩着的门，忽然开了，上官小仙甜甜地微笑着，姗姗地走了进来，手里居然又抱着个泥娃娃，一双眼睛不停地在两个人脸上打转。

这次丁灵琳实在是真的想将她这双眼珠子挖出来了。

上官小仙摇摇头，吃吃地笑道："你们做这种事的时候，本该用张桌子把门顶上的，你们总该知道，要从外面挑开里面的门闩，并不困难。"

丁灵琳恨声道："谁想到会有这么不要脸的人闯进来。"

上官小仙笑道："我不要脸，你们呢？天还没黑就这样子了，你们羞不羞。"

丁灵琳的脸红了，赶紧改变话题，大声道："你来得正好，我们正要去找你。"

上官小仙道："是你们偷偷溜了，为什么又要找我？"

丁灵琳道："你自己做的事，为什么要赖在我们头上？"

上官小仙悠然道："又不是我赖你们的，人家要认为是你们，我又有什么法子？"

丁灵琳道："你承认人是你杀的？"

上官小仙道："我承认。"她笑了笑，又道，"不过我只在你们面前承认，若有别人在，我就不承认了。"

丁灵琳怒道："不承认就杀了你。"

上官小仙笑道："你若真的杀了我，就更糟了，这件事就更变得死无对证，你们就算跳到黄河里去也洗不清了。"

丁灵琳咬了咬牙，冷笑道："我们总有法子叫你承认的。"

上官小仙道："哦？我想听听你们有什么法子？"

丁灵琳道："你若不承认，我就挖出你这双眼珠子来，看你还敢不敢赖。"

上官小仙道："你是准备现在挖，还是在别人面前挖？"

她微笑着，悠然道："现在我根本就承认了，你们根本不必逼我，若是等到有别人在旁边时，每个人都知道我只不过是个可怜的白痴，只会抱着泥娃娃喂奶，你们就算真的忍心对我下这种毒手，别人也不会答应的。"

丁灵琳气得脸都青了，却偏偏想不出法子来对付她。

上官小仙柔声道："所以你们既不能杀我，也不能逼我，就算把我抓住，也一样连半点用都没有。"

丁灵琳恨恨道："你考虑得倒很周到。"

上官小仙道："若是没有考虑周到，又怎么会敢来？"

丁灵琳已气得快疯了，忍不住打了叶开一拳，道："你怎么不说话？"

叶开叹了口气，道："我没有话说。"

上官小仙嫣然道："毕竟还是你聪明，还是你想得开。"

叶开道："而且我也很放心。"

上官小仙道："放心？"

叶开道："现在我们虽然没法子对付你，你也不会对付我们的。"

上官小仙道："哦？"

叶开道："因为你还要逼着我们跟别人拼命。"

上官小仙笑道："一点也不错，郭定、伊夜哭他们，都是很难对付的人，我不费吹灰之力，就找到了你这么样的好帮手，帮着我去对付他们，我又怎么舍得让你死。"

丁灵琳又忍不住道："所以你才故意让韩贞救我们走？"

上官小仙眨了眨眼道："你猜呢？"

丁灵琳道："难道韩贞也是你手下的人？"

上官小仙道："很可能。"

丁灵琳冷笑道:"你这么样说,我反而知道他不是了。"

上官小仙道:"随便你怎样想都行。"

丁灵琳道:"所以只要我们找到他,就可以证明你是个怎么样的人了。"

上官小仙道:"别人会相信那样的话?"

她叹了口气,摇着头道:"我看你才真的只不过是个七岁大的孩子,韩贞若是真能揭穿我的秘密,我又怎么会让你们找到他?"

丁灵琳变色道:"莫非你也把他杀了?"

上官小仙并没有否认,悠然道:"不管怎么样,这件事除非我自己肯在别人面前承认,否则你们就只有永远背着这冤名了。"

丁灵琳咬着牙,恨恨道:"好狠毒的女人。"

上官小仙淡淡道:"背着这样的冤名,实在不是件值得高兴的事,现在长安城里,至少有十七八个人想要你们的脑袋,所以……"

叶开终于开口,道:"所以怎么样?"

上官小仙道:"所以你就该赶快想个法子,让我承认的。"

叶开道:"你肯?"

上官小仙道:"别人反正迟早总要知道,金钱帮的帮主是谁的。"

叶开叹道:"只可惜他们大概要等我死了之后才会知道。"

上官小仙道:"很可能。"

叶开道:"难道你肯先告诉他们?"

上官小仙道:"只要你肯答应我一件事,我先死也无妨。"

叶开道:"你要我答应什么?"

上官小仙道:"答应嫁给我。"

叶开怔了怔,道:"你要谁嫁给你?"

上官小仙道:"要你。"

叶开笑了。

上官小仙道:"你笑什么?男人可以娶老婆,女人难道就不能娶个老公?"她居然没有笑,板着脸又说道,"何况,我是天下第一大帮的帮主,以我的身份,就算娶十个八个老公,也是天经地义的事。"

叶开好像已有点笑不出了。

上官小仙又道:"我本来是想要你做第一护法的,却又不能信任你,所以只好勉强要你做老公了,老公我总可以管得了你的。"

丁灵琳脸已气得通红,冷笑道:"你不必勉强,他已经嫁给了我,根本就轮不到你。"

上官小仙笑了笑,悠然道:"莫忘记男人也一样可以改嫁的。"

丁灵琳终于忍不住叫了起来:"我死也不会让他嫁给你。"

上官小仙叹了口气,冷冷道:"那么你们就只好去死了。"

丁灵琳又用力打了叶开一拳，恨恨道："你怎么又不说话了，难道忽然变成了哑巴？"

叶开道："我正在考虑。"

丁灵琳又叫了起来："你在考虑，考虑什么？"

叶开道："我在考虑应该怎样把她扔出去。"

丁灵琳的闷气立刻平了，展颜笑道："你的确应该再考虑考虑。"

上官小仙叹道："生意不成仁义在，你就是不答应，也不该这样对我的，我至少总是你的客人。"

丁灵琳道："我们并没有请你来。"

上官小仙道："但我却已经来了。"

丁灵琳道："你怎么会找到这里来的？"

上官小仙笑了笑，道："这里不但有最好的厨子，还有最舒服的床，我恰巧又知道你们都是喜欢享乐的人。"

丁灵琳眼珠子转了转，道："你既然是客人，就该做些客人的样子出来。"

上官小仙道："客人应该是什么样子的？"

丁灵琳道："你至少应该先出去，让我们好好来迎接你。"

她现在火气已消了，忽然又变得机灵了起来。

上官小仙笑道："我明白你的意思了。"

丁灵琳道："你应该明白的。"

上官小仙道："我转过身去，不看你们行不行？"

丁灵琳恨得牙痒痒的，但人家硬是不肯出去，她也没法子。

幸好上官小仙已真的转过了身，面对着墙，悠然道："我真奇怪，在这种天气里，你们居然好像一点也不怕冷。"

丁灵琳没有开口，也没空开口。

上官小仙道："听说你以前身上总是挂着很多的铃铛的，若是不摘下来，岂非更好玩。"

丁灵琳本就在后悔。她身上若戴着那些要命的金铃，早已将上官小仙头上打出好几个洞来了。

就在这时，上官小仙突然大叫了一声，就好像忽然见到了鬼一样，撞破窗户，蹿了出去，手里的泥娃娃也掉在地上，摔得粉碎。

丁灵琳也叫了起来，道："不管怎么样，也不能让她走。"

这句话还没有说完，叶开也已蹿出窗子。

女人穿衣服总是慢些的，等她穿好衣服时，上官小仙早已连影子都看不见了。

叶开是个很奇怪的人，他本来并不想太出名，所以他初入江湖时，用过好几个名字。

但世界上的事往往也很奇怪，不想出名的人，反而偏偏会出名。

他用过的名字几乎都已很有名了，其中最有名的一个，当然还是风郎君。

因为他的轻功实在很高，有人甚至认为他的飞刀还比不上李探花，但轻功却已不在任何人之下。

还有的人甚至认为，近八十年，武林轻功最高的一个人就是他。

可是他居然没有追到上官小仙。

上官小仙一出了那间屋子,就好像忽然奇迹般消失了。

叶开追出了很远,却连她的影子都没有看见。

现在已是黄昏。

黄昏的风更冷,叶开并不想像傻子一样站在露天里喝西北风。

既然追不到,就只有先回去再说。

也不知为了什么,他近来对丁灵琳已愈来愈热心。

他从原来的路退回去,刚才被撞破的窗户,被冷风吹得"噗噜噗噜"的直响。

他正想接近窗户,忽然怔住,这屋子里竟然变得热闹起来了。

第十一章

东海玉箫

　　小小的一间屋子，厅中竟有了八九个人，几乎全都是女人，而且全都是很年轻、很美艳的少女，却又偏偏全部穿着道装。

　　哪里来的这么多女道士？

　　叶开几乎已认为自己走错了地方，但丁灵琳却还在屋子里。

　　她动也不动地坐在那里，眼睛里充满了惊讶之色，不但惊讶，竟然还有些恐惧。

　　她身后站着两个女道人，前面还有五个，但她的眼睛，却盯在一个男人身上。

　　一个老人，一个老道人。

　　他就坐在靠窗的一张椅子上，身上穿着件锦绸道袍，银丝般的头发，绾成了个道士髻，斜插着根碧玉簪，杏黄色的腰带上，也斜插着根晶莹圆润的玉箫。

　　他的年纪至少也应该在六十以上，但脸色却仍是红润的，竟连一丝皱纹都找不到，一双眼睛也仍然是黑白分明，炯炯有光。

纵然是坐在那里,她也看得出他身材仍然是笔挺的,绝没有丝毫龙钟老态,颔下银丝般的长髯飘拂,修饰得干净而整齐。

叶开从来也没有看过装饰如此艳丽、如此注意仪表的道人。

丁灵琳已看见他,她仿佛想叫,却没有叫出来。

她竟然已被人点住了穴道。

叶开叹了口气:"看来这个屋子的风水真不错,客人刚走了一个,又来了八个。"

这锦袍银发的老道人也正在盯着他,沉声道:"你就是叶开?"

叶开点点头,道:"树叶的叶,开心的开。"

道人道:"风郎君也是你?"

叶开道:"有时候是的。"

道人沉着脸,冷冷道:"近年来江湖中果然是人才辈出,一夜间连伤八十三条人命的好汉,昔日贫道连一个都未曾遇见过。"

叶开道:"我也没有见到过。"

道人厉声道:"你在贫道面前,说话也敢如此轻薄。"

叶开笑了笑道:"道长若是看不惯轻薄的人,为何要到轻薄人的屋里来?"

道人道:"你不知道我是谁?"

叶开道:"不知道。"

道人道:"贫道玉箫。"

叶开道："东海玉箫？"

道人道："正是。"

叶开又叹了口气，苦笑道："我本来实在应该大吃一惊的，只可惜我今天吃惊的次数已太多了。"

东海玉箫！

无论谁听见这名字，本都该大吃一惊。

昔日百晓生作兵器谱，东海玉箫名列第十，这玉箫道人，也正是当年武林十大高手中，除了小李探花外硕果仅存的一个人。

据说他游踪常在海外，叶开实在想不到他居然也到了这里。

玉箫道人沉声道："贫道是为了什么而来的，你想必也该知道。"

叶开道："我不知道。"

玉箫道人道："看起来你并不像如此愚蠢的人。"

叶开道："可是我会装傻。"

那些年轻的女道人，本已在偷偷地看着他，现在又都忍不住偷偷地笑了。

玉箫道人脸色又变了，冷冷道："你本该装死的。"

叶开道："为什么？"

玉箫道人道："贫道不杀死人。"

叶开道："活的你都杀了？"

玉箫道人道："只杀想死的人。"

叶开笑了："幸好我并不想死。"

玉箫道人道："一个人若想好好地活着，在贫道面前就该说实话。"

叶开道:"我说的本就是实话。"

玉箫道人道:"这泥娃娃是谁的?"

叶开道:"是上官小仙的。"

玉箫道人道:"她本在这屋子里?"

叶开道:"她是我第一个客人。"

玉箫道人道:"现在她的人呢?"

叶开道:"不知道。"

玉箫道人冷冷道:"她刚才还在这里,现在你就不知道她到哪里去了?"

叶开道:"现在你还在这里,等一等你要到哪里去,我也不会知道。"

玉箫道人忽然叹息了一声,道:"生命如此可贵,为什么偏偏有人一定想死?"

他忽然抽出了腰带上那根晶莹圆润的白玉箫。

昔年的兵器谱上"东海玉箫"名列第十,玉箫道人武功渊博,据说身兼十三家之长,掌中这根玉箫,既可打穴,也可作剑用,箫管中还藏着极厉害的暗器。

叶开本以为他已准备出手了。

谁知玉箫道人还是坐着没有动,反而轻抚箫管,吹奏了起来。

他的箫声开始时很轻柔,就仿佛白云下,青山上,一缕清泉缓缓流过,令人心里充满了宁静和欢乐。

然后他的箫声渐渐低迷,又将人引入了另一个更美丽的梦境中。

在这个梦境里,既没有忧虑和痛苦,更没有愤怒和争杀。

无论谁听到这种箫声,都绝不会再想到那种卑鄙险恶的事。

但就在这时,玉箫道人自己却做了件很卑鄙险恶的事。

他的箫管中竟然飞出了三点寒星,急打叶开的前胸。

是丧门钉一类的暗器,来势疾如闪电。

在这种优美和平的乐声中,又有谁会提防别人如此恶毒的暗算?

可是叶开却好像早就在防备着。

无论多恶毒的暗器,到了他面前,就好像已变得连一点用都没有。

因为他有一种奇特的方法来接暗器,他手上竟似有种奇异的吸引之力。他的手一招,三点寒星就无影无踪。

难道这就是武林中早已绝传的内功"万流归宗"?

玉箫道人脸色已有些变了。

叶开却微笑着道:"再吹下去,莫要停,我喜欢听人吹箫。"

玉箫道人果然没有停,可是他的箫声却变了,变得充满了一种原始的挑逗力,就像是有个思春的少女在春闺里辗转反侧,不断呻吟。

男人心里最原始的一种欲望是什么?

两个距离叶开最近的女道人,正在看着他媚笑,笑容中也充满了挑逗力。

叶开不能不去看她们,他发现自己竟好像忽然变成了个第一次看见赤裸女人的少年。

在他想象中,她们竟似已变成完全赤裸的——雪白的胸膛,纤细的腰,修长的腿。

他忽然发现自己的身体竟已不由自主在开始变化,这种欲望本就是任何男人都无法控制的。

她们笑得更媚,媚眼如丝。

她们的腰肢扭动,仿佛正在邀请。

又有谁的目光还能离开她们正在扭曲炫耀着的地方?

又有谁还能注意到别的事?

另两个女道人,竟已架起了丁灵琳,在向外退。

此时此刻,若是别的男人,一定不会注意到她们的。

但叶开不是别的男人。

叶开就是叶开!

他的眼睛仿佛还在盯着那扭动的腰肢,他的人却已掠起。

忽然间,箫声停顿。

一根晶莹圆润的玉箫,已斜斜点了过来,急打他腰上的麻腰穴。

这是判官笔的招式,认穴准,打穴快。

叶开凌空翻身,方向不变,还是向丁灵琳那边扑了过去。

但这时判官笔已变成了剑,剑走轻灵,已将叶开的身形围住。

叶开眼看着丁灵琳被人带走,竟偏偏无法脱身。

他忽然发现自己遇着的这对手，竟是他平生未遇的高手。

他若是再去为丁灵琳忧虑担心，他自己就随时都可能被击倒。

他的身形突然停顿，完全停顿，竟像是一只旋转不息的陀螺，突然被钉死在地上。

高手决战中，绝没有任何人会做这种事的。

玉箫道人身经百战，各式各样的对手都遇见过，却也从未见过这种事。

他的玉箫一招击出，也突然停顿。

他猜不透叶开的用意。

但他却已看出叶开是个绝顶聪明的人，聪明的人绝不会突然做出太愚蠢的事，这其中难道又有阴谋？

玉箫道人冷笑道："你这是什么意思？"

叶开道："没有意思。"

玉箫道人道："没有意思是什么意思？"

叶开道："没有意思就是没有意思。"

玉箫道人道："你想死？"

叶开道："不想。"

玉箫道人道："你莫非不知刚才那一瞬间，我已可让你死十次。"

叶开道："我知道。"

他笑了笑，淡淡道："可是我也知道，我一停下，你也会停下来的。"

玉箫道人道："我若不停呢？"

叶开道:"那么我现在就已死了十次。"

玉箫道人的脸色突然苍白,他显然已在后悔,只可惜现在后悔已迟。这种机会一错过,是永远不会再来的了。

叶开道:"我停下来,也因为我现在没有把握能胜你。"

玉箫道人冷笑。

叶开道:"因为现在我的心已乱,你身旁又有这么多漂亮的帮手。无论谁看见自己心爱的女人被人架走,心都会乱的。"

玉箫道人冷笑道:"你倒很坦白。"

叶开道:"我不想骗你,也骗不过你,你当然也知道我的心已乱了。"

玉箫道人道:"心乱了就得死。"

叶开道:"你真的有把握杀我?"

玉箫道人没有开口,他没有把握。因为这少年武功之精奇跳脱,应变之机警奇诡,竟是他生平所遇的对手中,最令人难测的一个。

何况他还有刀,飞刀!

叶开的飞刀还没有出手,玉箫当然并不想逼着他出手。

叶开淡淡道:"你我迟早总难免要一战的,但不在今夜。"

玉箫道人道:"在什么时候?"

叶开道:"在我心不乱的时候,在我有把握胜你的时候。"

玉箫道人冷笑道："就算真有那么一天，我为什么要等到那天？"

叶开道："因为你非等不可。"

玉箫道人道："哦？"

叶开道："现在你就算能杀我，也不会出手的，因为你真正想要的是上官小仙。"

玉箫道人不能否认。

叶开道："现在你就算杀了我，也得不到上官小仙。所以你绑走了丁灵琳，想要我用上官小仙来换她的生命。"

玉箫道人突然长长叹息，道："你果然不笨。"

叶开道："我也不说谎。"

玉箫道人道："哦？"

叶开道："现在我真的不知道上官小仙在哪里。"

玉箫道人冷冷道："那么我也不知道丁灵琳在哪里。"

叶开叹了口气，道："我可以想法子去找。"

玉箫道人道："我给你十二个时辰去找。"

叶开道："十二个时辰？"

玉箫道人点点头，道："明天此刻，你若还不把上官小仙交给我，你今生就再也休想见到丁灵琳。"

他慢慢地接着道："金环无情，飞刀有情；铁剑好名，玉箫好色。这句话你总该听说过。"

叶开当然听说过。

玉箫道人道："丁灵琳是个好看的女人，我是个好色的男人,所以你最好赶快找到上官小仙,否则……"

他没有再说下去。

他的意思无论谁都可以听得出来。玉箫道人已走了,带着他年轻而美丽的女弟子们一起走了。

"明日此刻我再来。"

十二个时辰。

谁能有把握在十二个时辰中找到上官小仙?谁能有把握在短短一天中找到狐狸般狡猾、蝮蛇般阴毒的女人?

叶开也没有把握。

可是,铁剑好名,玉箫好色。又有谁能放心让自己心爱的女人,躺在一个好色的男人身旁?

夜色已临,叶开静静地坐在黑暗里,他没有燃灯,他连动都懒得动。

屋子里仿佛还留着丁灵琳身上的香气,黑暗中仿佛又出现了她那双充满了恐惧的眼睛。

要怎么样才能救出她?要怎么样才能找到上官小仙?

叶开竟连一点头绪都没有。

这里很静,是很适于思索的地方,他的反应本极快,思想本极灵活。

但现在他的头脑却似乎变成了块木头。

这时外面静悄悄的院子里,忽然传来了一阵喧闹的人声,好像一下子有很多人涌了进来。

大家议论纷纷,谈论的竟是郭定。

"嵩阳铁剑的兄弟,果然是名不虚传。"

"南宫兄弟本不该找他比剑的。"

"可是南宫兄弟也是赫赫有名的武林世家子弟，怎么受得了他那种轻视。"

"尤其是南宫远，不但有一身家传的武功，而且还是啸云剑客的入室弟子，剑法之高，据说已可算是当今江湖中的七大高手之一。"

"所以这一战大家本来都看好南宫远的，郭定毕竟是个初出道的人。"

"据我所知，吉祥茶馆里却有很多人以十博一，赌南宫远胜。"

"早知如此，我也该去赌一下子的。"

"那时你敢赌郭定胜？"

"……"

"有谁想得到，像南宫远这么有名的剑客，竟连郭定十招都接不住。"

"嵩阳铁剑，果然真霸道，尤其是他那最后一招'天地俱焚'，我敢打赌，江湖中能接得下他这一招的人，绝不会超过五个。"

"这一下嵩阳铁剑郭定可真是出足了风头，连那几个平日眼高于顶的镖局老总，都抢着要做东，请他去喝酒。"

"现在他已经是城里最出风头的人，莫说镖局里的人要请他喝酒，连我都想请请他，能跟这种人喝杯酒，我面子上也有光彩。"

"现在他若想去找女人，我敢保证，一定有很多女人情愿倒贴。"

"他虽然不能算是个小白脸,倒真有点黑里俏。"

"听说皮肤黑的人,对女人都有一手。"

"皮肤黑的女人,那地方也……"

下面说的话,竟愈来愈不像话了。

叶开没有再听下去。

刚才外面那么静,原来是因为人们都赶着去看郭定和南宫远的决战了,若是在平时,叶开一定也会去看看的。

他知道南宫远这个人,也确实知道这个人的剑法得过真传。

近年来,他一直都是在江湖中很露锋芒的人,但现在他的光芒显然已被郭定抢尽。

郭定现在想必一定很愉快。

少年成名,本就是人生中最令人愉快的几件事之一。

叶开了解这种感觉,可是他并不羡慕。

他只想找个安静的地方,静静地喝两杯酒,酒虽然会麻痹人的头脑,但有时也可以令人的头脑清醒。

他慢慢地站了起来,慢慢地走了出去。

没有人注意他,甚至没有人看他一眼,只有赢家才是人们的对象。

他现在却是个输家。

窄巷的尽头,有家小小的酒铺,连招牌都已被油烟熏黑。

屋子里的灯光昏暗,一个没精打采的伙计,正坐在小炭炉旁烤火。

客人也只有一个,背对着门,坐在最阴暗的一个角落里，独自喝着闷酒。

他想必也跟叶开一样，是个输家，是个失意的人。

若是在平时，叶开说不定会过去，找他喝两杯——同是天涯沦落人，相逢何必曾相识？

但现在他却宁愿孤独。

伙计没精打采走过来，替他摆了双筷子，上面还带着霉点的竹筷子。

可是叶开不在乎。

"要点什么？"

"酒，五斤酒，随便什么酒都行。"

"不切点卤菜？"

"有现成的，就给我来一点。"

这客人看来并不挑剔，伙计嘴角终于露出了一丝笑容："那位客人切了个小拼盘，我就给你照样来一碟怎么样？"

"行。"

那位客人显然也不挑剔。

一个失意的人，又还能挑剔什么呢？

酒还没有来，叶开就静静等着，他本不期望这种地方会有什么殷勤的招待。

那边的客人也一直没有回过头来看看他，此刻却突然道："我这里有酒，为什么不过来先喝一杯？"

这声音很熟，这人是谁？

叶开回过头，这人淡淡地又道："其实你应该过来敬我一杯的，你欠我的情。"

"是你。"

叶开终于听出了他的声音。

这个在小酒铺里独自喝着闷酒的失意者，竟是现在这城里的风云人物郭定。

"是我。"

郭定终于回过头，淡淡地一笑，道："你想不到是我？"

叶开的确想不到。

他走过去，坐下，看着郭定道："你本不该在这里的。"

郭定道："为什么？"

叶开道："这种地方，本只有我这种人才会来。"

郭定道："哦？"

叶开笑了笑，道："你知不知你现在已成了这里最出风头的人？"

郭定冷冷道："就因为我刺了南宫远一剑？"

叶开道："能战胜南宫远，并不是件容易事。"

郭定冷笑。

叶开看着他，道："现在城里也不知有多少大人物在抢着要请你喝酒，你为什么反而一个人跑到这种地方来？"

郭定没有回答，却替他倒了杯酒，道："你说得太多，喝得太少。"

叶开举杯一饮而尽。

郭定也在看着他，忽然问道："你以前有没有战胜过？"

"当然有。"

郭定道："你战胜的时候，是不是也有很多大人物要抢着请你喝酒？"

叶开道："是。"

郭定道："你去不去？"

叶开道："不去。"

郭定笑了，笑容中却带着种说不出的寂寞之意，又喝了杯酒，才徐徐道："以前我总是想战胜别人，压倒别人，可是现在……"

叶开道："现在怎么样？"

郭定凝视着手里的空杯，道："现在我才知道，胜利的滋味并不如我想象中那么好。"

他忽然将手里的空杯重重地放在桌上，道："你看这是什么？"

叶开道："这是个空酒杯。"

郭定道："一个人战胜了之后，有时也会忽然变得像这空酒杯一样……"

杯中的酒已空了，一个人战胜之后，心里那种斗志和欲望，也会像杯中的酒一样，突然变空了。

这种感觉他虽然没有说出来，可是叶开能了解这种无法形容的空虚和寂寞，他也曾体验过。

他没有再说什么，替郭定倒满了空杯，微笑道："你也说得太多，喝得太少。"

郭定举杯。

叶开微笑着，又道："无论如何，胜利的滋味至少总比失败好。"

寒夜，风在窗外呼啸。

小炭炉里的火似将熄灭，那没精打采的伙计，将脖子缩在破棉袄里，似已快睡着了。

在如此寒夜里，只有家才是温暖的。

流浪在天涯的浪子们，你们的家在哪里？你们为什么还不回去？

混浊的酒，冷得发苦，可是冷酒喝下肚子里后，也会变成一团火。

已喝了几杯？谁去记它？谁记得清？

叶开满满地倒了一杯，很快地喝了下去。

他想醉？想逃避？

若是遇见了一些无法解决，无可奈何的事，又有谁不想大醉一场？

郭定看着他，道："我本来只想一个人在这里大醉一场，却想不到会在这里遇见你。"

叶开道："你想不到我会到这种地方来喝酒。"

郭定道："我想不到你会一个人来。"

叶开又干了一杯，忽然笑了笑，道："我自己也想不到。"

他笑得很苦。

郭定不懂："你自己也想不到？"

叶开沉默着，过了很久，才问道："你知不知道东海玉箫？"

郭定当然知道，说道："可是我没有见过他。"

叶开道："我见过。"

东海玉箫已有很多年未曾在江湖中出现过，郭定忍不住问："你几时见过他？"

叶开道："刚才。"

郭定的眼睛里突然发出光："你们已交过手？"

叶开点点头。

郭定道："你也胜了他，所以你才到这里来喝酒？"

叶开道："我没有胜，也没有败。"

郭定又不懂。

在他的思想中，两人只要一交上手，就一定要分出胜负。

叶开道："我们虽然已交手，却没有继续下去。"

郭定道："为什么？"

叶开道："因为我不想败给他。"

郭定道："你没有把握胜他？"

叶开道："没有。"

郭定道："你已看出他的武功比你高？"

叶开笑了笑："他的武功很渊博，也许正因如此，所以不能精纯。"

郭定道："你本来可以胜他的？"

叶开并不否认。

郭定道:"可是今天你却没有把握胜他?"

叶开道:"完全没有。"

郭定道:"为什么?"

叶开道:"因为我的心很乱。"

郭定道:"你看来并不像时常会心乱的人。"

叶开道:"我本来就不是时常会心乱的人,可是今天……"

郭定突然明白:"难道那位丁姑娘已落入玉箫手里?"

叶开点点头,再次举杯,一饮而尽。

郭定也干了一杯,又一杯,"铁剑好名,玉箫好色",这句话他当然听说过。

他突然夺过叶开的酒杯,大声道:"今天你绝不能喝醉。"

叶开苦笑。

郭定道:"你一定要想法子赶快将她救出来。"

叶开道:"我想不出法子。"

郭定道:"玉箫想怎么样?"

叶开道:"他要我用上官小仙去将她换回来。"

郭定道:"你不肯?"

叶开道:"我肯,可是我找不到上官小仙。"

郭定道:"你也不知道她在哪里?"

叶开道:"没有人知道。"

郭定道:"她真的不是传说中那样的白痴?"

叶开苦笑道:"我本来也被她骗过了,我这一生中从来也没有遇见过比她更狡猾、更可怕的人。"

郭定凝视着他,过了很久,才徐徐道:"这些话本不能相信的。"

叶开道:"我明白。"

郭定道:"可是现在我相信了。"

叶开也沉默了很久,才徐徐道:"我本不愿将这件事告诉你,可是现在我却说了出来。"

他并没有去看郭定。

郭定也不再看他。

他们竟仿佛在尽量避免接触到对方的目光。

他们都不是那种喜欢将自己情感流露出来、让别人知道的人。

难道他们都生怕自己的情感一时激动,会流下泪来?

但友情这件事,本就不是用眼睛看的。他们虽然不去看,友情却已在他们心里撒下了种子生出了根。

这的确是件很奇妙的事。

一个人往往会在最奇怪的时候、最奇怪的地方,和一个最想不到的人交成朋友,甚至连他们自己都不知道这种情感是怎么来的。

也不知过了多久,郭定忽然道:"上官小仙虽然找不到,但东海玉箫却一定可以找得到。"

叶开在听着。

郭定道:"他是个喜欢享受的人,这城里的好地方却不多。"

叶开道:"最好的地方本来是冷香园,但现在却已只冷不香了。"

郭定道："但他还是很可能会住在那里，据说他无论到哪里，都一向有很多随从的人。"

叶开笑道："就算他在那里又如何？"

郭定道："他在那里，丁姑娘也就在那里。"

叶开道："你要我去救她？"

郭定道："你不去？"

叶开苦笑道："我现在的心更乱，更没有把握胜他。"

郭定道："我难道不是人？"

叶开霍然抬起头，凝视着他，道："你……"

郭定道："我难道不能跟你一起去？"

叶开道："可是……可是丁灵琳还在他手里。"

郭定道："我明白你的意思，你是投鼠忌器，怕他用丁姑娘来对付你，怕他伤害了丁姑娘。"

叶开点点头。

郭定道："但你却忘了一点。"

叶开道："哦？"

郭定道："他一定以为你现在正急着找上官小仙，一定想不到你会去找他的，所以他就一定不会有警戒。"

叶开道："不错。"

郭定道："何况，他更不会想到我们已成了朋友。"

朋友！

这是多么温暖、多么美丽的两个字。

这两个字竟真的从这个骄傲冷酷的年轻人嘴里说了

出来。

叶开还能说什么?还需要说什么?

他什么都不再说,他已站了起来,忽然用力握住了郭定的肩。

"我们走。"

"走!"

第十二章

冷夜离魂

冷香园。

夜冷,梅香,人踪已杳。

梅林里簌簌的响,是风,还是昨夜枉死在这里的冤魂?

"你一直都没有再见到韩贞?"

"没有。"

"那么他说不定还在这里。"

叶开叹道:"我只希望找到的不是他的尸体。"

那些人的尸体呢?

找不到。

听涛楼上下,连血迹都已被洗得干干净净。

是谁替他们收尸的呢?

"卫天鹏他们的尸体昨夜还在这里。"

"嗯!"

"是谁替他们收了尸?"

没有回答,没有人能回答。

刚隔夜的冰雹,晚上又结成了冰。

风刮在脸上,已不像是风,像是刀。

寒梅在冷香中却更香。

"你看见灯火没有?"

"没有。"

"玉箫难道不在这里?"

突然间,结了冰的小径上,竟似响起了一阵很轻的脚步声。

如此寒夜,有谁会在雪径上独行?莫非是那些人的鬼魂?

鬼魂又怎会有脚步声?

还是没有灯光,无灯,无星,无月。

黑暗中仿佛出现了条人影,正慢慢地走出了梅林中的小径。

他走得很慢,还不时在东张西望,竟似在寻找着什么。

如此寒冷的深夜里,在这无人的梅林中,他寻找的是什么?

走得近了,才听出他嘴里竟一直在喃喃自语:"酒呢……什么地方有酒……"

叶开几乎忍不住要叫了出来:"韩贞!"

这个人竟赫然真的是韩贞。

难道他居然还在替叶开找酒?

雪光反映,照上了他的脸,他的脸上竟赫然全是血,血也已结成了冰。

叶开只觉得胸中一阵气血上涌,立刻从他隐藏的小石后冲了出去,冲到韩贞面前,一把握住了韩贞的肩。

韩贞看了他一眼,忽然道:"酒呢?……你知不知道什么地方有酒?"

他竟已不认得叶开,可是他还在为叶开找酒。

他的脸竟已几乎完全破碎扭曲,竟像是个已被人一脚踩烂了的硬壳果。

叶开不忍再看:"你……你怎么会变成这样子的?这是谁下的毒手?"

韩贞似乎想笑,却笑不出,嘴里还是喃喃地在问:"酒呢?什么地方有酒?"

叶开的心,也好像被人重重踩了一脚。

郭定就在身后,忍不住道:"他就是韩贞?"

叶开点点头。

郭定也不禁叹息,道:"看来他是在替你找酒的时候,被人痛殴了一顿,打得他神志记忆都丧失。"

叶开用力握紧双拳,默然道:"不过他还记得替我找酒。"

郭定叹道:"看来他也是个好朋友。"

叶开恨声道:"只可惜我不知道这是谁下的毒手,否则……"

郭定道:"我想这绝不是上官小仙。"

叶开道:"哦!"

郭定道:"一个女人,绝不会有这么重的手。"

韩贞实在被打得太惨,不但脸已破碎扭曲,连肋骨都已陷落下去，至少断了六七根。

他怎么能活到现在的？

在这种冰天雪地里，他怎么还没有冻死？

叶开想问，但韩贞却已甩脱他的手："放开我，我要去找酒。"

除了这件事外，他已记不得别的。

叶开叹了口气，柔声道："好，我带你去找酒。"

这句话说完，他已点了韩贞的睡穴，将韩贞拦腰托了起来。

郭定道："只要能安安静静地睡一天，他也许会清醒的。"

叶开叹道："但愿如此。"

屋子里有床，也有灯。

叶开将韩贞放在床上："你有没有火折子？"

郭定已燃起灯，灯光照在韩贞脸上，更惨不忍睹。

叶开虽不忍看，却不能不看，他一定要查出这是谁下的毒手。

他虽然是个不愿记住别人仇恨的人，但这次的情况却不同。

若不是为了替他找酒，韩贞又怎么会落得这么惨。

为了这样的朋友，无论什么事他都应该做。

郭定也在凝视着韩贞的脸，道："这不是铁器打的。"

叶开点点头，若是被铁器打伤，伤痕也可以看得出。

郭定道:"难道有这么重的手法?"

叶开道:"韩贞的武功并不弱,能一拳打到他的脸,这样的人并不多。"

他忽然想起自己也曾一拳打在韩贞脸上,但是那次的伤痕却远比现在轻得多,显得这人的手不但比他重,手上一定还有特别的功夫。

解开衣襟,肋骨断了五根。

如此寒天,韩贞穿的衣服当然也很厚。

郭定皱眉道:"隔着这么厚的衣服,还能一拳打断他五根肋骨,这种人实在不多。"

叶开道:"而且这只是硬伤,并没有内伤。"

若不是衣服上没有铁器的痕迹,无论谁都会认为这是被一柄铁锤打伤的。

郭定道:"难道这人的手竟跟铁锤一样硬?"

叶开道:"看他的伤痕,也不像是被铁砂掌一类的功夫打伤的。"

郭定点点头道:"若是那一类的掌力,必定会震伤内腑。"

叶开叹了口气,道:"所以我实在不明白,这究竟是种什么样的功夫?"

郭定道:"你迟早……"

他的声音突然停顿,无言的寒风中,竟突然传来了一阵凄凉的箫声。

东海玉箫!

郭定一翻手,已扇灭了灯光:"他果然在这里。"

叶开道:"你能不能在这里替我……"

郭定立刻打断了他的话:"韩贞已睡着,用不着我在这里看守,你却不能一个人去。"

这就是友情,友情就是了解和关切。

叶开看着韩贞:"可是他……"

郭定又打断了他的话:"现在他的死活,对别人已没有影响,所以他才能活到现在,可是你……"

他没有再说下去,也不必再说下去。

叶开只觉得胸中的血又热了,也不能不承认他说的话有道理。

"好,我们走。"

凄凉的箫声,在寒夜中听来,令人的心都碎了。

箫声是从梅林外传来的。

梅林外的假山旁,有个小小的八角亭,亭子里有条朦胧的人影,那人正在吹箫。

叶开他们从后面悄悄地绕了过去,他们的行动当然不会发出任何声音。

吹箫的人还在吹箫,箫声似在颤抖。

叶开忽然发现这并不是"东海玉箫"的箫声,再走近些,又发现这人身上虽穿着道袍,腰肢却很纤细,竟是个女道人。

就在这时,箫声突然停顿。吹箫的这个女道人,竟似在低低哭泣。

叶开迟疑着,终于走过去,轻轻咳嗽了一声。

这女道人却似突然被抽了一鞭子,全身都颤抖起来,哀声道:"我吹……我绝不敢再停下来了。"

叶开道:"可是我并没有要叫你不停地吹下去。"

女道人回过头,看见他,虽然也吃了一惊,却又仿佛松了口气:"是你。"

她认得叶开,叶开也认得她。

她正是玉箫道人的女弟子中,长得最媚的一个。

叶开忍不住问:"你怎么会一个人到这里来吹箫?"

女道人道:"是……是别人逼我来的。"

"谁?"

"是个蒙着脸的人。"

"他为什么要逼你到这里来吹箫?"

"我也不知道,他逼我到这里来,叫我一直吹,否则他就要脱光我的衣服,把我吊在这里。"

"你怎么会落在他手里的?"

"那时我正……正在后面,只有我一个人,想不到他竟突然闯了进来。"

叶开当然知道"后面"是什么意思,女孩子在方便时,当然也只有一个人,这种事她当然不好意思说出口。

但叶开却又问道:"那时你究竟在什么地方?"

"就在鸿宾客栈后面那院子。"

鸿宾客栈就是叶开住的那客栈,那里不但有最好的厨子,也有最舒服的床。

喜欢享受的人,当然会住在那里。

叶开叹了口气,苦笑道:"原来你们就在我后面的院子里，我却到这里来找。"

女道人紧紧闭着嘴，死也不开口了。她知道自己已说漏了嘴，现在就算不开口，也已来不及。

叶开道："有句话我要问你，你也可以不说。"

女道人闭着嘴。

叶开道："但你若不说，我就将你留在这里，让那个蒙面人再来找你。"

女道人脸上立刻露出恐惧之色，抢着道："我说。"

叶开道："你们带走的那丁姑娘，是不是也在那院子里？"

女道人虽然还是不开口，却已等于默认。

叶开道："好，我们不妨做个交易，你带我去找她，我就送你回去。"

女道人没有拒绝。她对那蒙面人的恐惧，已远比她对任何事的恐惧都深。

她死也不愿留在这里。

那蒙面人是谁？为什么要逼着她到这里来吹箫？

难道他已知道叶开要来这里找玉箫，所以特地用这法子指点叶开一条明路？

他为什么要这样做？他是不是另有目的？

这些问题，叶开当然都不能解释。他忍不住又问："那蒙面人究竟是个什么样的人？"

"他不是人，简直是个鬼，恶鬼。"想起了这个人，她的身子又开始发抖。

显然这个人一出手就制住了她,她已完全没有抵抗的能力。

可是东海玉箫的女弟子,武功也绝不会太差的。

叶开看着郭定,长长叹了口气,道:"你说得不错,现在虽不是九月,但却已有群鹰飞起,而且全都飞到了这里。"

被褥还是凌乱的,枕上也许还有着丁灵琳的发丝。

一回到这里,叶开的心就开始隐隐作痛——她现在怎么样了,东海玉箫会不会……

叶开连想都不敢想。

郭定看着床上凌乱的被褥,眼睛又露出种奇怪的表情。

他没有再看第二眼,他的心仿佛也在隐隐作痛。

现在他总算已完全明白了叶开和丁灵琳的关系。

韩贞已被放到床上,睡得仍很沉。睡穴实在是个很奇怪的穴道。

那女道人低垂着头,站在屋角,苍白的脸上,总算已有了些血色。

东海玉箫的女弟子都很美,她尤其美。

她美得和丁灵琳不同,不但美,而且媚,她已是个完全成熟的女人。

无论谁看见她黄昏时在箫声中款摆腰肢,媚眼如丝的神情,都难免会心动的。

叶开看了她一眼,道:"坐。"

女道人慢慢地摇了摇头,忽然道:"现在我可不可以回去?"

叶开道:"不可以。"

女道人垂下头,咬着嘴唇,道:"你们若想利用我去要挟玉箫道人,你们就错了。"

叶开道:"哦?"

女道人道:"你们就算当着他面前杀了我,他也不会关心的。"

她眉眼间仿佛带着种幽怨之色,轻轻地接着道:"我从来也没有看见他关心过任何人。"

郭定凝视着她,忽然道:"我们若在你面前杀了他呢?"

女道人道:"我也不会掉一滴眼泪。"

她说得很干脆,连考虑都没有考虑。

郭定道:"那么你为什么要回去?"

女道人道:"因为我……我……"

她没有说下去,她的声音似已哽咽,美丽的眼睛里已有了泪光。

叶开明白她的意思。

她一定要回去,只因她根本没有别的地方可去。

叶开并不是个心肠很硬的人,忽然问:"贵姓?"

"我姓崔。"

"崔?"

"崔……崔玉真。"

叶开笑了笑,道:"你为什么不坐下来,难道怕这椅子会咬人？"

崔玉真也忍不住笑了，她发现自己在笑的时候，美丽的脸上立刻露出红霞。

叶开看见她随着箫声扭动腰肢的时候，本以为她是个已忘记了羞耻的女人。

现在他才发现她还是保留着一份少女的娇羞和纯真。

只不过，无论谁在不得已的时候，都难免会做出一些令别人觉得可耻、自己也会后悔的事。

有时人就像是一头被蒙着眼推磨的驴子，生活就像是一条鞭子。

当鞭子抽到你背上时，你只有往前走，虽然连你自己也不知道要走到什么时候为止。

叶开轻轻叹息了一声，道："你若不愿回去，就可以不必回去。"

崔玉真又垂下头："可是我……"

叶开道："我明白你的意思，可是这世界很大，你慢慢就会发现有很多地方都可以去的。"

崔玉真也明白了他的意思，她忍不住抬起头看了他一眼，眼睛里充满了感激。

叶开道："你也不必帮我们去找丁姑娘，只要告诉我们她在哪里就行了。"

崔玉真迟疑着，终于道："就在后面的那个院子里。"

叶开等着她说下去。

崔玉真道："那个院子很大，一共好像有十三四间房,丁姑娘就被锁在最后面的一间偏房里,窗台的外面摆着三盆蜡梅。"

叶开道:"有没有人在那里看守她?"

崔玉真道:"只有一个人在里面陪她,因为她还不能走动,玉箫也不怕她会跑。"

叶开道:"玉箫道人睡在哪里?"

崔玉真道:"他晚上很少睡的。"

叶开道:"不睡在干什么?"

崔玉真咬紧了牙,没有回答,但脸上又露出那种悲愤幽怨之色。

她不必再说了。

"玉箫好色",他现在应该已有七十岁,看起来却远比实际的年纪轻。

他有很多美丽而年轻的女弟子。

他晚上在干什么,叶开当然已可猜得出来。

郭定面上已现出怒容,忽然道:"你们是不是被他所逼,才跟着他的?"

崔玉真摇摇头,怅然道:"我们本来都是贫苦人家的子女。"

郭定道:"你们都是被他买来的?"

崔玉真头垂得更低,眼泪已流下面颊。

郭定突然用力一拍桌子,冷冷道:"就算没有丁姑娘这件事,我也绝不会放过他的。"

叶开道:"可是现在……"

郭定道:"我知道,现在我们当然要先救出丁姑娘再说。"

崔玉真忽然又道:"他晚上虽然不睡,可是到了天快亮的时候,一定要睡三个时辰。"

现在距离天亮至少还有半个多时辰。冬天的夜总是比较长。

叶开看了看天色,道:"好,我们等。"

床上的韩贞忽然翻了个身,发出了梦呓——叶开点他穴道,用的力量并不大。

他仿佛还是在说:"酒呢……什么地方有酒……"

反反复复说了几遍后,他的人突然从床上跳起来,大叫道:"姓吕的,我认得你,你好狠。"

这句话说完,他又倒了下去,满头都是冷汗。

叶开动容道:"姓吕的?"

郭定道:"看来打伤他的那个人一定姓吕。"

叶开沉思着,道:"你知不知道江湖中有什么姓吕的高手?"

郭定道:"近年来好像只有一个。"

叶开道:"吕迪?"

郭定点点头,道:"不错,'白衣剑客'吕迪。"

叶开道:"你见过他出手?"

郭定摇摇头,道:"我只知道他虽然是'银戟温侯'吕凤先的堂侄,练的却是武当剑法,武当是内家正宗,绝不会……"

叶开突然打断了他的话,道:"你说他是谁的侄子?"

郭定道:"吕凤先,'银戟温侯',昔年兵器谱上排名第五。"

叶开的眼睛里突然发出了光,道:"吕凤先,我怎会忘了这个人。"

郭定道:"你认为是他吗?"

叶开道:"银戟温侯在兵器谱上排名第五,在别人已是件很值得荣耀的事,可是在他看来,却是种耻辱。"

郭定了解这种心情:"有很多人都不能忍受屈居人下的。"

叶开道:"但他也知道百晓生绝不会错,所以他毁了自己的银戟,练成了另一种可怕的武功。"

郭定道:"什么武功?"

叶开道:"他的手!"

郭定的眼睛也亮了。

叶开道:"据说他已将他的手练成钢铁般坚硬锋利。"

郭定道:"你是听谁说的?"

叶开道:"一个曾经亲眼看过他那只手的人,一个绝不会看错的人。"

郭定道:"小李探花?"

叶开点点头,道:"世上若有一个人能赤手将韩贞打成这样子,这个人就一定是吕凤先。"

郭定道:"可是他多年前就已失踪了。"

叶开冷笑道:"连死了的人都可能复活,何况是失踪了的人。"

郭定道:"你认为他也已到了这里?"

叶开道:"你说过,现在虽不是九月,却是猎狐的时候。"

郭定的眼睛里闪着光道:"吕凤先无疑也是只鹰。"

叶开道:"也许他已可算是群鹰中最可怕的一只鹰。"

郭定道:"他若真的来了,你要找他?"

叶开望着床上的韩贞,紧紧闭住了嘴。

他已不必再开口。

郭定的眼睛更亮,却仿佛凝视着远方,喃喃道:"能与昔年兵器谱上排名第五的人决一胜负,倒也是人生一大快事。"

叶开道:"但这却不是你的事。"

郭定道:"不是?"

叶开的表情很严肃:"绝不是。"

郭定微笑着道:"不必怕我抢你的生意,韩贞是你的朋友,不是我的。"

叶开终于也笑了笑,道:"这句话我希望你最好莫要忘记。"

郭定的表情也变得很严肃,道:"你最好也莫要忘记一件事。"

叶开道:"什么事?"

郭定道:"'银戟温侯'排名第五,但是他的手却比他的银戟更可怕。"

他凝视着叶开,慢慢地接着道:"我不想看见你被人打得像韩贞这样子。"

叶开忽然转过身,推开了窗户。

窗外冷风如刀,但他的心却是热的,就像是刚喝下满满一杯醇酒。

远方的空谷,本是一片黑暗,此刻却已变成了灰白色。

然后他就听到了一声鸡啼。

"是最后面靠左的一间屋子,窗台外面还摆着三盆蜡梅。"

第十三章

海市蜃楼

后面的院子果然很大,东方虽已现出曙色,窗子却还亮着灯。

屋里有人在大笑:"贫道此番重入红尘,就是要看看今日之江湖,究竟是谁家的天下?"

这是玉箫道人的声音。

屋子里居然还有另外一个人。

"晚辈当然不敢和道长争一日之短长,只可惜江湖中却偏偏还有些不知天高地厚的无知小辈。"

这不是玉箫道人的声音,听来却很熟。

伊夜哭。

他果然是个很会投机取巧的谄媚小人。

看来他竟已投靠了玉箫道人。

叶开的心沉了下去。

玉箫道人非但没有睡,而且还多了个帮手。

只听玉箫道人在问:"你知道这种无知的小辈有些什么人?"

"嵩阳郭定、武当吕迪、铁锥子韩贞、飞狐杨天、南海珍珠、青城墨氏……据我所知至少已有这些人到长安来了。"

他显然还没有忘记兵器被毁的仇恨,第一个提到的名字就是郭定。

他实在很希望看着玉箫道人杀了郭定。

玉箫道人又问:"还有没有别人要来?"

"当然有。"

"至少还有个叶开。"

伊夜哭冷笑:"叶开不足惧。"

"哦?"玉箫道人显得很惊讶,叶开的武功,他已领教过。

"因为这个人已等于是个死人。"

"哦?"

"现在长安城里,要杀他的人也不知道有多少,他简直已死定了。"

玉箫道人大笑:"玉容,还不为伊先生斟酒?"

看来他们竟打算作长夜之饮,连一点睡觉的意思都没有。

但叶开现在却只剩下二个时辰,此刻若不出手,以后的机会更少。

郭定附在他耳边,慢慢道:"我在这里牵制住他们,你去救人。"

叶开坚决摇头:"不行。"

"为什么不行?"

叶开冷冷道:"我不想替你收尸。"

他的声音虽冷，但这种情感却远比醇酒更能令人发热。

郭定解开了衣襟，冷冷道："你难道想收丁灵琳的尸？"

叶开道："我有法子，一定有法子的……"

其实他一点法子也没有，他的心又乱了，为了丁灵琳的安全，他绝不能冒一点险。

郭定知道，他已准备冲进去，他并不是个很冷静的人。

他认为只要自己一冲进去，叶开就只好到后面去救人的。

可是他错了。

他若冲进去，叶开绝不会抛下他，他们虽然可以对付伊夜哭和玉箫道人，可是丁灵琳还在玉箫道人手里。

玉箫道人若用丁灵琳来要挟叶开，叶开就非死不可。

他的身子已腾起——

突然间，窗子里一声惊呼，是伊夜哭的惊呼声。

"你……你这是干什么？"

玉箫道人的声音冰冷："我要杀了你。"

"我好意前来，你竟要杀我？"

玉箫道人冷笑："你将我看成什么人？竟想来利用我，你才是无知的鼠辈，我不杀你杀什么人？"

屋子里已响起了一阵桌椅碰倒声，杯盘跌碎声——

郭定的身子虽已跳起，却改变了方向，贴着墙蹿过去了。

叶开也没有落后。

他们都已看出，现在正是救人的好机会，伊夜哭最少可以抵挡玉箫道人二三十招。

这时间虽然不长，但只要他们的行动够快，就已足够。

所以他们已连一刹那都耽误不得。

幸好窗台上摆着蜡梅，是个很明显的标志，他们连找都不必找。

窗子里也亮着灯。

窗上有两条人影，一个是梳着道髻的女道人，一个正是丁灵琳。

看她们的姿态，仿佛正在对坐着下棋。

郭定已撞破窗户，冲了进去，他无论做什么事都干脆得很。

叶开的心却沉了下去。他知道里面的那人影绝不是丁灵琳。

丁灵琳绝不会下棋的，她的大哥丁灵鹤虽然是此道的高手，她却连子都不会摆。

她一向认为两个人坐在那里，将一些黑白的石头往一块木板上摆来摆去，是件很无聊的事。

这难道又是个陷阱？

可是郭定既然已闯了进去，叶开也只好硬着头皮往下跳。

一闯进屋子,郭定也立刻就发现丁灵琳并不在这屋子里。

坐在女道人对面的这少女,虽然穿着丁灵琳的衣服,梳着和丁灵琳一样的发式,却不是丁灵琳。

若是换了别人,一定会吃惊,发怔。

但郭定做事却有他自己独特的方式。他的手一反,剑已出鞘,剑柄已打在那女道人的咽喉上。

她连惊呼都没有发出,就已倒下。

另一个少女也没有叫出声来,因为郭定的剑锋已逼住了她的咽喉。

"丁姑娘在哪里?"

这少女脸色虽已吓得发青,却摆出一副宁死也不说的神情。

郭定也没有再问,左手已伸出,抓住了她的衣襟,一把就将她里里外外五六件衣服全都撕成了两半,露出了她雪白的身子,高耸的胸膛,纤细的腰。

这少女的脸似已吓得发绿。

郭定道:"你再不说,我就将你的人撕成两半。"

这少女已吓得连声音都发不出来,只是指了指角落里的衣柜。

衣柜很大。

叶开冲过去,拉开,里面果然有个人,一个穿着道装的女人,似已被人点了睡穴,却正是丁灵琳。

郭定道:"在不在?"

叶开道:"在!"

两句话一共只有四个字，叶开已抱起丁灵琳，蹿出窗户。

郭定轻轻拍了拍这少女微微凸起的小腹，微笑道："你已快发胖了，以后记住千万不能吃肉。"

灯已吹熄，曙色刚染上窗纸。

崔玉真正在用一块布巾替韩贞擦冷汗，她果然没有走。

看见叶开抱着丁灵琳回来，她居然笑了。

床上的韩贞犹在沉睡，叶开只有将丁灵琳放在椅子上。

他总算松了口气。

崔玉真道："后面有没有人在追？"

叶开摇摇头，微笑道："玉箫就算发现她已被救走，也绝不会想到我们的人还在这里。"

郭定也已回来，冷冷道："现在我们希望他追到这里来，就算他不来，我也会去找他的。"

叶开笑道："若不是你，我真不知道该怎么样才能让那女孩子说实话。"

郭定道："要女人说实话并不难。"

叶开道："哦？"

郭定道："一个女人的衣服若突然被撕光，很少还有敢不说实话的。"

叶开道："看不出你对付女人也很有经验。"

郭定笑了笑，道："我练的并不是童子功。"

叶开也笑了:"像你这样的男人,想练童子功只怕都很难。"

郭定看了丁灵琳一眼,立刻就转过眼睛,道:"她是不是被人点了哑穴?"

叶开道:"嗯!"

郭定道:"现在她已不必再哑下去。"

叶开微笑着,拍开了丁灵琳的穴道,看到丁灵琳那双美丽的眼睛又已张开来看着他,他实在觉得愉快极了。

丁灵琳却似还没有睡醒,眼波蒙眬,看了他两眼,迟疑着道:"叶开!"

叶开笑道:"你难道不认得我了?"

丁灵琳道:"我认得你。"

她突然伸出手。她的手里竟有把刀,一刀刺入了叶开的胸膛。

鲜血箭一般喷出来,直喷在丁灵琳脸上,她苍白的脸立刻被鲜血染红。

叶开的脸上却已全无血色,吃惊地看着她。

每个人都在吃惊地看着她,无论谁都做梦也想不到她会向叶开下这种毒手。

丁灵琳却在大笑,疯狂地大笑,突然跳起来,蹿了出去。

叶开一只手按住胸膛上的创口,想追,人已倒下,颤声道:"追……追她回来。"

不等他说,郭定已追出。

叶开想过去看看他们是往哪边走的,可是腿已发软,眼前突然变成了一片黑暗。

绝望的黑暗。

他最后看见的,是崔玉真那双充满了惊惧和关切的眼睛。

他最后听见的,是他自己的头撞在桌子上的声音。

凌晨。

天空还是灰暗的,人都还在沉睡。

丁灵琳像是只羚羊,在一重重屋脊上跳跃着,还不时发出疯狂的笑声。

"我已杀了叶开,我已杀了叶开……"

她竟似觉得这是件非常值得高兴的事。

"她疯了。"

郭定已将自己的轻功施展到极限,还是追出了很远,才追上她。

"丁姑娘,跟我回去。"

丁灵琳瞪了他一眼,竟已完全不认得他,突然一刀向他刺了过去。

刀上还有血,叶开的血。

郭定咬了咬牙,回身反手,去夺她的刀。

他并没有夺下她的刀,可是他另一只手已闪电般地扣在她左颈后。

丁灵琳的眼睛突然发直,人已倒下。

四面无人,屋脊上的霜白如银。

丁灵琳的呼叫,居然并没有将玉箫惊动出手。

郭定已抱起了丁灵琳,他急着要赶回去看看叶开的伤势,已顾不得男女之嫌。

可是那屋子里已没有人了……已没有活人了。

一直沉睡昏迷着的韩贞,已被一柄长剑钉死在床上。

地上的血迹已凝结,是叶开的血。

桌角上也有血迹,也是叶开的血。

但叶开的人却已不见了,崔玉真也已不见了。

是谁的长剑?是谁下的毒手?为什么要对一个半死不活的人下毒手?

叶开到哪里去了?难道已被崔玉真带回去献给了玉箫道人?

无论如何,他实在已凶多吉少。

屋子很小,但却收拾得很干净。

屋角里有个小小的木柜,是锁着的,旁边的妆台上,摆着面铜镜。

冷风吹得窗纸簌簌地响,门上挂着布帘,门外传来一阵阵药香。

叶开并没有死。

他已醒了过来,他醒来时,就发现自己是在这么样一个地方。

然后他才发现自己是赤裸裸地躺在床上,盖着三条很厚的棉被。

他胸膛上的伤口已被人用白布包扎了起来,包扎得很好。

是谁替他包扎的?这里究竟是什么地方?

他想坐起来,但胸膛上仿佛还插着一把刀,只要一动,就疼得全身都仿佛要撕裂。

他想呼喊,但这时门帘已掀起,已有个人端着碗药慢慢地走了进来。

崔玉真。

她已脱下了她的道袍,身上是套青布衣裙,蛾眉淡扫,不施脂粉,眉目间却带着浓浓的忧思。

看见叶开已醒,她的眉也已开了。

"我怎么会到这里来的?"

叶开问出了这句话,立刻就发觉这是句废话。当然是崔玉真将他救到这里来的。

崔玉真已走过来,将药碗轻轻地放在床畔的小几上。

她每一个动作看来都那么温柔,已完全不是那个随着箫声扭动腰肢的女道人。

叶开看着她,忽然有了种很安全的感觉,心也已定了下来。

但他却还是忍不住要问:"这里是什么地方?"

崔玉真垂着头,轻轻地吹着药,过了很久才回答:"是别人的家。"

"是谁的家?"

"是个做茶叶买卖的生意人。"

叶开道:"你认得他?"

崔玉真没有回答这句话,却轻轻道:"你受的伤很重,我怕玉箫道人他们找来,只有带你赶快走。"

她是个很细心的女人,想得很周到。

叶开若是留在那屋子里,说不定也早已被一柄长剑钉死在床上。

崔玉真又道:"可是我第一次到长安城,一个人也不认得,那时天刚亮,我实在不知道应该带你到什么地方去。"

叶开道:"所以你就闯到这人家里来了。"

崔玉真点点头,道:"这是个很平凡的小户人家,绝对没有人想到你会在这里。"

叶开道:"这里的主人你当然也不认得?"

崔玉真只好承认:"我不认得。"

她说过,在长安城里,她一个人都不认得。

叶开道:"现在他们的人呢?"

崔玉真迟疑着,又过了很久,才轻轻道:"已被我杀了。"

她垂着头,不敢去看叶开。她怕叶开会骂她。

可是叶开连一个字也没有说。

他并不是那种道貌岸然的道学君子,他知道若不是崔玉真,现在已不知死在谁的手下。

长安城里,要杀他的人实在不少。

一个半生不熟的女人,冒着生命的危险救了他,又在全心全意地照顾着他,为了他的安全,竟不惜杀人。

你叫他怎么还忍心责备她,怎么还能骂得出口?

崔玉真忽然又道:"可是我本来并不想杀他们的。"

叶开等着她说下去。

崔玉真道:"我闯进来的时候,有两个人睡在床上,我本来以为他们是夫妇。"

叶开终于忍不住问:"难道他们不是?"

崔玉真摇摇头,道:"那女的已有三十多岁,男的却最多只有十七八,我逼着他们一问,这孩子就说了实话。"

原来丈夫到外地买茶去了,妻子就勾引了在他们家里打杂的学徒。

崔玉真的脸似已有些发红,接着道:"这两人一个背叛了自己的丈夫,一个背叛了自己的师父,所以我才会杀了他们,我……我只希望你不要认为我是个心狠手辣的女人。"

叶开看着她,心里忽然有了种说不出的滋味。

她为他做了这些事,为他冒了这么大的危险,可是她并不要他感激,更不要他报答。

她唯一希望的,竟只不过是希望他不要看轻她。

他的看法对她竟如此重要。

叶开忍不住叹了口气,柔声道:"我也希望你明白一件事。"

"什么事?"

叶开道:"若有人认为你这样做得不对,认为你是个心狠手辣的女人,那人一定是个伪君子,是个大混蛋。"

他微笑着,接着道:"我希望你相信我,我绝不是这种混蛋。"

崔玉真笑了。她笑的时候，就仿佛寒冬已经过去，忽然已到了春天。

"药可以入口了，你喝下去好不好？"

她扶起叶开，就像是母亲哄孩子一样，将这碗药一口口喂他喝了下去。

"这是我自己配的药，我不敢找大夫，我怕别人会从大夫嘴里查出你的行踪。"

她实在是个非常细心的女人，每一点都想得非常周到。

叶开看着她，心里充满了温暖和感激，微笑道："我遇见你，真的是运气，无论什么事你好像都能想得到。"

崔玉真迟疑着，忽然道："但我却还是想不到她为什么要杀你？"

叶开的笑容黯淡了下来。

崔玉真道："我知道我本不该提起这件事的，可是我实在想不通，你不顾一切地去救她，她为什么要对你下这种毒手？"

叶开却又笑了笑，道："我想……她一定有原因的。"

崔玉真道："什么原因？"

叶开道："江湖中有很多邪门歪道的事，我说给你听，你也未必知道。"

崔玉真道："你难道一点都不怪她？"

叶开摇了摇头，道："她这么样做，一定是被摄心术一类的邪法所迷，等她苏醒后，她一定会比我更痛苦，我怎么还能怪她?"

他的声音里充满了关怀。

别人几乎一刀将他杀死,他却还在关心着那个人清醒后的感觉。

至于他自己的痛苦,他却一点也不在乎。

崔玉真看着他,美丽的眼睛里突然泪珠一连串流下。

"你在哭?"

"……"

"你为什么忽然伤心?"

崔玉真慢慢地拭了拭泪痕,勉强笑道:"我并不是伤心,我只不过在想,假如有一天,能有个人这么样对我,处处都替我想,那么我……"

她没有说完这句话,她的泪又已流下。因为她知道自己是永远也不会遇着这么样一个人的。因为她知道这个人现在虽然在她怀抱里,但心里却在想着别人,而且很快就会离开她。

她并不是嫉妒,也不是痛苦,只不过觉得有种说不出的感伤。

她已是个成熟的女人,她这一生都很寂寞。

寂寞,多么可怕的寂寞……

冰冷的泪珠,一滴滴落在叶开脸上,但叶开的心里却在发热,热得发疼。

他并不是个铁石心肠的人,也不是块木头。

可是他又能怎么样?

屋子里渐渐暗了,黄昏又无声无息地悄悄来临。

黄昏总是美的,美得令人心疼。

崔玉真将早上煮的冷饭,用酱油拌着吃了一碗,却替叶开熬了锅稀粥。

她红着脸道:"我本来想买点人参来炖汤的,可是我……"

她没有钱。叶开也没有,他忽然注意到她本来插在头上的一根碧玉簪已不见了。

"我本来想打开那柜子,看看里面是不是有银子的,可是我又不敢。"

她实在是个本性很善良的女孩子,而且有一种真正的女性温柔。

叶开慢慢地啜着粥,心里忽然有了种奇妙的感觉。假如他只不过是个做小买卖的生意人,假如他们是夫妻,假如他们都没有过去那些往事,他们是不是会活得更幸福?

可是现在……假如现在他也能抛开一切,假如她也愿意永远陪伴他,假如……

叶开没有再想下去,他不能再想下去。宁静的生活,对他永远是种不可抗拒的诱惑,可是他这人却偏偏好像生来就不能过这种日子。世上又有几人能随心所欲,选择自己的生活方式?

夜色渐渐深了。他们都没有说话,仿佛都在全心全意地享受这片刻宁静。因为他们都知道这种日子是很快就会结束的。

叶开什么都不愿去想,只觉得眼皮渐渐沉重,他流了很多血，他觉得很疲倦，而且很冷。

朦朦胧胧中，他觉得自己仿佛在渐渐地沉入一个冰窖里。他冷得全身都在发抖，冷得嘴唇都发了青。可是她已将这里所有的棉被都替他盖上了——现在怎么办呢？

他的脸色愈来愈可怕，抖得就像是一片寒风中的叶子。有什么法子才能使他温暖？只要能让他温暖，无论要她做什么，她都心甘情愿的。她的脸忽然红了。她已想到了一个法子，一种人类最原始的互相取暖方法。

叶开不再发抖，脸上也渐渐有了血色。然后他就发现，有个人正赤裸裸地睡在他身旁用力抱住了他。她的身子光滑而柔软，热得就像是一团火。

发现叶开的眼睛正在看着她，她脸上仿佛也燃烧了起来，"嘤咛"一声，将头缩入了被里。

叶开心里是什么滋味？那绝不是感激两个字所能形容的，那已不是任何言语所能形容的。他感觉到她的身子也在轻轻发抖。但那也当然不是因为冷。

窗外一片黑暗，冷风在黑暗中呼啸，可是黑暗与寒冷都已距离他们很远。

他们竟忽然有了一个完全属于他们自己的世界，这世界里充满了幸福和宁静。只可惜这种幸福就像是海市蜃楼，虽美丽，却虚幻；又像是昙花的开放，虽美丽却短暂。突然间，门被推开，一个人闯了进来。一个他们永远也想不到的人。

灯还没有灭。灯光照在这人脸上，这人的脸色是铁青的,眼睛里也充满了愤怒的杀气,恨恨地瞪着他们,仿佛恨不得一刀将他们杀死在床上。他们却不认得这个人,连见都没有见过。

崔玉真已失声大叫:"你是什么人?为什么闯到这里来?"

这人恨恨地瞪着她,突然冷笑,道:"这是我的家,我为什么不能来?"

崔玉真怔住,叶开也怔住。

这一家的主人竟突然回来了。一个男人回到了自己家里时,若发现有两个陌生的男女睡在自己床上,无论怎么愤怒,都是值得同情的。崔玉真本来也很吃惊,很愤怒,现在却像是只泄了气的皮球,连话都说不出了。

这人咬牙瞪住她,怒吼道:"我出去才两个月,你就敢在家里偷人了,你难道不怕我宰了你?"

崔玉真又吃了一惊:"你……你说什么?"

"我问你,你为什么要做这种见不得人的事,这野男人是谁?"

难道这人的眼睛有毛病,竟将她看成了自己的妻子?

崔玉真道:"你……你是不是看错人了?"

这人更愤怒:"我看错了人?你十六岁就嫁给了我,就算烧成了灰,我也认得你。"

崔玉真忍不住大叫:"你疯了,我连见都没有见过你。"

"你难道还敢不承认是我的老婆?"

"当然不是。"

"你若不是我的老婆,为什么睡在我的床上?"

崔玉真又说不出话来。

这人又瞪着叶开,狠狠道:"你又是什么东西?为什么和我老婆睡在床上?"

叶开也不知该说什么,他忽然发现又遇着了件又荒唐又荒谬的事。他实在不知道这究竟是怎么回事。

这人道:"幸好我是个宽大为怀的人,不管你们做了什么事,我都原谅了你们,但现在我既然已回来了,你总该起来把这热被窝让给我了吧。"

他居然真的走过来,好像已准备脱衣服睡上床。

崔玉真又大叫,用力拉住叶开:"我不是他的老婆,我根本不认得他,你千万不能起来让他。"

叶开当然不会起来,可是他该怎么办呢?一个人赤裸裸地躺在别人床上,遇见这种事,你说他该怎么办?就在这时,突然门外传入了一阵大笑声,一个人捧着肚子,大笑着走了进来。看见了这个人,叶开更笑不出来。

上官小仙!这个要命的人,竟偏偏又在这种要命的时候出现了。

第十四章

夺命飞刀

有种人你想找他的时候,打破头也找不到,你不想见他的时候,他却偏偏会忽然出现在你的眼前。

上官小仙好像就是这种人。

她一只手捧着肚子,一只手指着叶开,吃吃地笑道:"你占了人家的屋子,又占了人家的床,人家回来了,什么话都不说,只不过叫你让开,你都不肯,这未免太不像话了吧。"

话没有说完,她已笑出了眼泪,笑弯了腰。

叶开反而沉住了气。现在他总算已明白这是怎么回事了。

这女人不但是条狐狸,简直是个鬼,简直什么事都做得出,什么花样都想得出来。

上官小仙还在笑个不停,就像是从来也没见过这么好笑的事。

崔玉真吃惊地看着她,忍不住问道:"她是什么人?"

叶开道:"她不是人。"

上官小仙笑道:"对了,我本来就不是人,我是个活神仙,无论你藏到什么地方去,我还是一找就找到。"

叶开并没有问她,是怎么找到的。

她显然一直都在暗中盯着叶开,就像是个鬼影子一样。

上官小仙道:"可是我倒真没有想到,这位道士姑娘会把你弄到这么样一个好地方,要不是她急着替你去抓药,这次我们真的差点找不到你了。"

她走过去,拿起床头的空药碗嗅了嗅,又笑道:"只可惜她实在不能算是个好大夫,这种药你就算喝八百斤下去,也一样没有用。"

崔玉真已气得满脸通红,却还是忍不住要问:"你能治好他的伤?"

上官小仙道:"我也不是个好大夫,可是我却替他请了个最好的大夫来。"

刚才那个愤怒的丈夫,现在已连一点火气都没有了,正看着他们微笑。

上官小仙道:"这位就是昔年'妙手神医'的唯一传人,'妙手郎中'华子清。你见多识广,想必一定知道他的。"

叶开的确知道。

华家父子,的确都是江湖中有名的神医,医治外伤,更有独门的传授。

可是这父子两人都有同样的毛病,偷病人。

他们根本不需要去偷的,可是他们天生地喜欢偷,无论什么都偷。

去找他们治伤医病的人,往往会被他们偷得干干净净。

"妙手"这两个字,就是这样来的。

叶开笑了笑,道:"想不到阁下非但医道高明,而且还很会作戏。"

华子清也笑了笑,道:"这点你就不懂,要学偷,就一定要学会作戏。"

"为什么?"

华子清道:"因为你一定要学会扮成各式各样的人,才能到各种地方去偷各式各样的东西。"他微笑着,又道,"譬如说,你若要到庙里去偷经,就一定得扮成和尚,若要去偷窑子,就一定要扮成嫖客。"

叶开道:"你若要到大字号的店家去偷,就一定得先扮成大老板的样子去踩道。"

华子清抚掌道:"阁下当真是举一反三,一点就透,若要学这一行,我敢保证不出三个月,就可以成为专家。"

上官小仙嫣然道:"他现在就已经是专家了,所以你去替他治伤的时候,最好小心点,否则你说不定反而会被他给偷得干干净净。"

华子清笑道:"我偷人家已偷了几十年,能被别人偷一次,倒也有趣。"他微笑着走过去,又道:"只要刀上没有毒,我也敢保证,不出三天,阁下就又可以去杀别人了。"

崔玉真忽然大声道:"等一等。"

华子清道:"还等什么?"

崔玉真道:"我怎么知道你是真的来替他治伤的?"

上官小仙叹道:"这位道士姑娘倒真是个细心的人,只可惜脑筋却有点不太清楚,莫非是已经被我们这位叶公子迷晕了头?"

崔玉真红着脸,道:"随便你怎么说,我……"

上官小仙打断她的话,冷冷道:"现在我若要杀他,简直比吃豆腐还容易,我何必费这么大的事?"

崔玉真冷笑。

上官小仙道:"你不信?"

崔玉真还是在冷笑。

上官小仙身子突然轻飘飘飞起,就像是一朵云一样,飘过了他们的头顶。崔玉真只觉得突然有只冰冷的手伸进了被窝,在她的胸膛上轻轻捏了一把。再看上官小仙又已轻飘飘地飞了回去,站在原来的地方,笑嘻嘻地看着她:"据说东海玉箫会采补,可是你身上倒还很结实,看来你对付男人想必也很有一套。"

崔玉真脸上一阵红一阵青,气得几乎已经快哭了出来。

上官小仙悠然道:"这本是女人值得骄傲的事,有什么好难为情的。几时有空,说不定我也要跟你学两手。"

崔玉真的脸色已发白。她知道这女人是在存心侮辱她,可是她只有忍受。为什么人们总是要为已经过去了的事,付出痛苦的代价呢?为什么有些人一定要让别人觉得痛苦，自己才感觉到快乐？崔玉真泪已流下，上官小仙脸上却露出了胜利的微笑。

叶开忽然道："滚出去。"

上官小仙好像吃了一惊："你叫谁滚出去？"

叶开道："你！"

上官小仙道："我好心好意地请了人来替你治伤，你却叫我滚出去。"

叶开寒着脸，道："不错，我叫你滚出去。"

上官小仙脸色也有点变了，冷笑道："你难道不怕我杀了你？"

叶开道："你以为你真的能杀我？"

上官小仙道："你也不信？"

叶开道："我只想提醒你一件事。"

上官小仙道："什么事？"

叶开道："这件事。"

他的手慢慢地从被下伸出，手里赫然有柄刀。三寸七分长的刀，飞刀！

薄而利的刀锋，在灯下闪闪发光。上官小仙的脸似已被刀光映成了铁青色，华子清的脸似已发绿。小李飞刀！这就是从小李探花一脉相传下来的飞刀！这就是"例不虚发"的飞刀。江湖中无论多可怕的高手，都从来也没有人能躲过这出手一刀。

叶开冷冷道："我本来不愿杀人的，可是你最好莫要逼我。"

上官小仙冷笑道:"你现在还能杀人?"

叶开道:"你想试试?"

上官小仙也不敢去试。

没有人敢!没有人敢用自己的生命作赌注,来作这几乎已输定了的孤注一掷。

上官小仙长长吸了口气,勉强笑道:"难道你不想你的伤快好?"

叶开道:"我只想要你滚出去。"

上官小仙叹了口气,道:"我不会滚,我走出去行不行?"

她真的说走就走,华子清当然走得更快。

走到门口,她却突又回头,道:"有件事我差点忘了告诉你。"

叶开道:"什么事?"

上官小仙道:"你想不想知道那位丁姑娘现在的下落?"

叶开不说话了,他当然想知道。

上官小仙道:"她现在正和郭定在一起,也跟你们一样,睡在一张床上。"

叶开冷笑道:"你为什么要在我面前说这种话,你明知没有用的。"

上官小仙悠然道:"你不信他们会做这种事?"

叶开当然不信。

上官小仙悠然道:"他们本来也许会对你很忠实的,可是,假如丁姑娘也冷得要命,郭定也像这位道士姑娘一样好心呢?假如丁姑娘身上有个见不得人的地方,中了什么毒针,郭定为了救她,是不是会替她吮出来呢?"

叶开的脸色也变了。

上官小仙脸上又露出胜利的微笑,挽起华子清的手,笑道:"他对我虽然无情,我却不能对他无义,留下一包药给他,我们走。"

这次她总算真的走了。

叶开本已坐起来,现在忽然倒了下去。

崔玉真出声道:"你……你怎样了?"

叶开叹了口气,苦笑道:"幸好你将我的刀放在枕下,幸好她没有试。"

崔玉真道:"你刚才根本无力伤她。"

叶开看着手里的刀,脸上的表情变得很严肃,道:"这把刀并不是只用手就可以发出去的,要用全身所有的精神和力量,才能发出一刀,可是我现在……"

他现在已连说话都觉得很吃力。

崔玉真看着他,泪又流下:"我知道你是为了我,才赶她走的,可是你何必为了我冒这种险……我本就是个应该受侮辱的人。"

叶开柔声道:"没有人应该受侮辱,也没有人有权侮辱别人。"

他的声音虽温柔,却很坚决:"他老人家传授我这柄刀,只是为了要我让天下的人都明白这道理,而且莫要忘记。"

崔玉真的眼睛也亮了，缓缓道："我想他老人家一定是个了不起的人。"

叶开目光遥视着远方，带着种说不出的孤寂之色："他自己常说他只不过是个很平凡的人，可是他做的事，却是绝没有任何人能做得到的。"

这也正是李寻欢的伟大之处。所以不管他在什么地方，都永远活在人们的心里。

灯光已渐渐微弱，灯油似已将枯。

崔玉真忽然又长长叹息了一声，道："现在我只担心一件事。"

叶开道："你担心她会将我的下落告诉别人，你担心她还会再回来？"

崔玉真道："嗯！"

叶开道："她绝不会这么样做的，她只希望我的伤快好。"

崔玉真道："为什么？"

叶开道："因为她要我去替她对付别人。"

崔玉真还是不懂。

叶开道："那天她故意将玉箫引去找我，为的就是要我跟他火拼，她还希望我去替她杀郭定，杀伊夜哭，杀所有可能会挡住她路的人。"

崔玉真道："可是，她也知道，你是绝不会去替她杀人的。"

叶开苦笑道："我虽然不会去替她杀那些人，但是那些人却一定要来杀我。"

崔玉真道："只要你们拼起来，无论谁胜谁负，她都可以渔翁得利。"

叶开点点头，道："所以她并不希望我受伤，更不希望我这么快就死。"

崔玉真只觉得手脚冰冷，她实在想不到世上竟有如此阴险恶毒的女人。

叶开目中带着深思之色，忽然又道："所以有件事我更想不通。"

崔玉真道："什么事？"

叶开沉吟着，道："逼着你到冷香园去吹箫的那个人，可能就是玉箫派去的。"

崔玉真愕然道："他为什么要做这种事？"

叶开道："因为他早已知道你是个本性很善良的人，早已知道你对他不满，已经想离开他了。"

崔玉真垂下头，轻轻道："最近我的确总在想法子避着他。"

叶开道："他也知道我一定会到冷香园去找，所以他故意要你在那里等，故意让你将丁灵琳的下落透露给我。"

崔玉真又不懂了："难道他故意想要你去将丁姑娘救出来？"

叶开点点头，道："因为他已用摄心术一类的邪法，控制了丁灵琳，叫丁灵琳一看见我就杀了我。"

崔玉真动容道："不错，所以他故意在那屋子的窗外,摆了三盆蜡梅,为的就是要让你容易找到。"

叶开道:"但他为了怕我疑心,所以也不能让我有容易得手的机会。"

崔玉真道:"所以他又故意弄了那么多玄虚,让你永远想不到这一点。"

叶开道:"他将丁灵琳劫走,根本就不是为了上官小仙,而是为了要我的命。"

崔玉真咬着牙,恨恨道:"我以前实在不知道他也是个这么阴险恶毒的人。"

叶开道:"但他却绝不是金钱帮的人,因为上官小仙并不想要我死,也并不知道他用的这一招,所以我大为想不通。"

崔玉真道:"想不通什么?"

叶开道:"想不通他怎么也会摄心术这一类邪法的。"

崔玉真道:"会这种邪术的人很少?"

叶开道:"会的人并不少,可是真正精通的人却没有几个,其中大多数是魔教中的人。"

崔玉真动容道:"魔教?"

叶开道:"你也听说过?"

崔玉真道:"我始终以为那只不过是传说而已,想不到这世上竟真的有魔教。"

叶开道:"你没有听玉箫谈起过魔教?"

崔玉真道:"没有。"

叶开道:"你跟着他已有多久?"

崔玉真垂下头,道:"快两年了。"

她脸上又露出种说不出的悲痛憎恶之色,这两年来她想必就像生活在地狱里一样。

叶开等她情绪略为平定,才问道:"这两年来他平时都在什么地方?"

崔玉真道:"他有条很大的海船,平时他都在船上,但每隔一两个月,都会找个海口停泊,补充粮食和清水。"

她想了想,接着又道:"可是几个月前,他却在一个没有人的荒岛上停留了六七天,没有带别的人去,也不许我们下船。"

叶开的眼睛亮了,他忽然想起铁姑说的话:"……这次本教在神山聚会,另选教宗,重开教门,新任的四大天王和公主……"

崔玉真道:"你在想什么?"

叶开长长叹了口气,道:"我本就在怀疑,却一直不敢相信。"

崔玉真道:"怀疑什么?"

叶开道:"怀疑玉箫也入了魔教,而且是魔教中的四大天王之一。"

崔玉真的脸色苍白,忽然握住他的手,道:"你的伤口疼不疼?"

叶开点点头。

崔玉真道:"据说魔教用的刀都有毒。"

叶开道:"不错!"

崔玉真道:"刀上若有毒,你的伤口竟只有痛?"

刀上若有毒,就不会觉得痛苦,只会觉得麻木。

叶开笑道:"刀上就是有毒,也毒不死我。"

崔玉真道:"为什么?"

叶开道:"因为我是个奇怪的人,我的血里有种抗毒之力,尤其可以消灭魔教的毒。"

崔玉真吃惊地瞪大了眼睛,道:"这是天生的?"

叶开摇摇头,道:"是最近才有的。"

崔玉真道:"怎么会有的?"

叶开道:"我的母亲,昔年本是魔教中的大公主。"

崔玉真更吃惊,忍不住问:"现在呢?"

叶开笑了笑,道:"现在她只不过是个很平凡的老妇人,正在一个宁静的地方,安享她的余年,希望她的儿子能时常回去看看她。"

崔玉真道:"可是你却很少回去。"

叶开道:"因为她还有个儿子在陪着她。"他目光仿佛又在凝视着远方,徐徐道:"这个儿子虽不是她亲生的,却比我这个亲生的儿子更孝顺。"

崔玉真道:"他长得也跟你一样?"

叶开微笑道:"他跟我不一样,他是个很奇怪的人,却比我好看,废话也没有我这么多,我希望以后能常见他。"

崔玉真嫣然道:"我也希望能见到他,他既然是你的兄弟,那么一定也是个很好的人。"

她心里忽然充满了对未来幸福的憧憬,忍不住又问:

"他叫什么名字?"

叶开说出了他的名字:"傅红雪!"

华子清留下的药有两包,一包内服,一包外敷。内服的药性很平和,仿佛还有种镇静的功效,所以叶开睡得很沉。他醒来觉得很愉快,因为他伤口的痛苦似已减轻了很多,而且门外又飘来了熬鸡粥的香气。

崔玉真想必正在厨房里替他熬粥。阳光照在窗户上,风很轻,今天想必是个很好的天气。

叶开几乎已将所有的烦恼全都忘了,大声道:"粥煮好了没有,快添三大碗给我。"

"来了!"

门帘忽然掀起,一大碗粥凭空飞了进来,"砰"地打在墙上。叶开怔住。满墙的鸡粥慢慢流下,一个人冷笑着,忽然在门口出现。

伊夜哭。

他身上还是穿着那件绣满了黑牡丹的鲜红长袍,看来还是像个僵尸。

叶开忽然对他笑了笑,道:"早。"

伊夜哭冷冷道:"你醒得虽不早,倒真巧。"

叶开道:"哦?"

伊夜哭道:"你若再迟醒片刻,只怕就永远也不会醒了。"

叶开又笑了笑,道:"你来得虽不巧,倒真早。"

伊夜哭冷冷道:"早起的雀儿吃食,晚起的雀儿吃屎，我若非起得早，又怎么会凑巧看见那个背叛了师门的女叛徒。"

叶开叹道："看来起得太早也不是好事，她若非起得早，又怎么会撞见鬼？"

伊夜哭道："那只怪你。"

叶开道："怪我？"

伊夜哭道："她若非已被你迷住了，又怎么会一大早就起来，溜回那客栈去替你打听韩贞的消息？"

叶开的心沉了下去。昨天晚上，他问过崔玉真。她当真不知道韩贞怎么样了，她看见叶开受伤，只顾着带叶开赶快逃走，哪里还顾得了别人。

叶开虽没有再问，也没有责备她，可是心里却难免有点惭愧，有点难受；他觉得自己对不起韩贞。

所以崔玉真心里也很难受。叶开看得出，却想不到她一早就会溜出去替他打听韩贞的消息。只要他说一句话，她就会不顾一切，去为他做任何事。

伊夜哭道："她算准玉箫一定已走了，却想不到我居然还留在那里。"

叶开忍不住问道："那天晚上他没有杀了你？"

伊夜哭冷笑道："你以为他真要杀了我？"

叶开道："不是真的？"

伊夜哭道："我们只不过是在做戏，特地做给你看的，好让你有机会去救人。"

叶开道："那时你们已发现我在外面？"

伊夜哭道："你们一进了那院子，他就已知道。"

叶开叹了口气,苦笑道:"看来我倒低估了他。"

伊夜哭道:"他也低估了你,他认为你已死定了。"

叶开道:"你呢?"

伊夜哭道:"我知道要你这种人死,并不是件容易事。"

叶开道:"这次你总算没有看错。"

伊夜哭道:"但现在你若不将上官小仙交出来,还是死定了。"

叶开叹道:"这次你看错了。"

伊夜哭道:"你最好明白一件事。"

叶开道:"你说。"

伊夜哭道:"我喜欢杀人。"

叶开道:"这是实话。"

伊夜哭道:"我最想杀的人就是你。"

叶开道:"这也是实话。"

伊夜哭道:"所以你若不赶快将上官小仙交出来,我绝不会再等的,我宁可不要她,也要杀了你。"

叶开道:"你最好也明白一件事。"

伊夜哭道:"我也让你说。"

叶开道:"我不喜欢杀人,但你这种人却是例外。"

伊夜哭冷笑道:"现在你能杀得了我?"

叶开道:"我不能,它能。"

他的手一翻,刀已在手。

三寸七分长的刀,飞刀。伊夜哭看着这柄刀,瞳孔立刻收缩。

他当然也知道这就是小李探花一脉相传的飞刀,例不虚发的飞刀。

叶开道:"我只希望你莫要逼我杀你。"

他每次出手之前,都要说这句话。

因为这柄刀并不是用手发出来的,要发这柄刀,就得使出全身的精神和力量。刀一发出,就连他自己也无法控制。

伊夜哭盯着这柄刀,徐徐道:"我认得这柄刀。"

叶开道:"认得最好。"

伊夜哭道:"只可惜你不是小李探花。"

叶开道:"我不是。"

伊夜哭道:"你现在只不过是个受了伤的废物,你这把刀连条狗都杀不死。"

叶开道:"这柄刀不杀狗,只杀人。"

伊夜哭大笑,道:"我倒要试试它能不能杀得死我。"

他的人已掠起,向叶开扑了过去。他有一双专破暗器的手。但这柄刀不是暗器。这柄刀几乎也已不是刀,而是种无坚不摧、不可抗拒的力量。

刀光一闪。伊夜哭的身子突然在空中扭曲,跌下。他没有呼喊,也没有挣扎,突然间就像个空麻袋般瘫软在地上。

他的咽喉上已多了一柄刀。飞刀!天上地下,独一无二的飞刀。

第十五章

惺惺相惜

叶开静静地坐在那里,眼睛里带着种无法描述的表情,仿佛是怜悯,又仿佛突然觉得很寂寞。

杀人!并不是件愉快的事。

但窗外却突然传来了一阵银铃般的笑声,是上官小仙的笑声。

"好快的刀。"

笑声还在窗外,她的人却已从门外掠进来,轻盈得就像是只灵巧的燕子。

叶开还是静静地坐在那里,甚至连看都没有看她一眼。

现在她无论在什么时候出现,叶开都已不会觉得惊异。

上官小仙拍着手笑道:"我果然没有看错你,我从来也没有看见过这么快的刀。"

叶开突然冷笑,道:"你还想再看看?"

上官小仙道:"我不想,我也知道你不会杀我的,用这种刀来杀一个孤苦伶仃的女孩子,小李探花知道了,一定会很生气。"她娇笑着,又道,"何况,你本该感激我才是,若不是我昨天叫华子清留下那两包药,你今天也未必能杀了他的。"

叶开不能否认。

上官小仙嫣然道:"可是我也很感激你,你总算已为我杀了一个人。"

这句话就像是条鞭子,一鞭子抽在叶开脸上。

明知要被人利用,还是被人利用了,这的确不是件好受的事。

叶开冷冷道:"我既已杀了一个人,就还能杀第二个。"

上官小仙道:"我相信。"

叶开道:"所以你最好赶快走。"

上官小仙道:"你又要赶我走?"

叶开道:"是!"

上官小仙轻轻叹息道:"我长得难道比那女道士难看?我难道就不能像她一样的伺候你?"

床头的几上,已摆着套洗得干干净净、叠得整整齐齐的衣服。

这当然也是崔玉真替他准备的。

可是她的人呢?

丁灵琳的人呢?

叶开拿起了衣服,他已没法子再躺下去。

上官小仙道:"你要走了?到哪里去?"

叶开还是不开口。

上官小仙道:"是不是要去找那女道士?"

叶开还是不开口。

上官小仙悠然道:"你若是去找她,我劝你不如躺下去养养神,因为你一定找不到她的。"

叶开想开口,又闭住。

他已很了解上官小仙,她若不想说的事,没有人能问得出来,她若想说,就根本不必问。

上官小仙道:"你若想去找丁灵琳,还不如陪我在这里谈谈心,因为你就算找到了她,也只有觉得更难受。"

叶开不听。

上官小仙道:"也许你现在还能找到一个人。"

叶开已在穿靴。

上官小仙道:"现在你唯一可以找到的人就是韩贞,而且一找就可以找到,你知道为什么?"

叶开不问。

上官小仙道:"因为他已躺在棺材里,连动都不会动了。"

叶开霍然站了起来,目光火炬般瞪着她。

上官小仙笑了笑,道:"你明知道他不是我杀的,瞪着我干什么?你若想替他报仇就该先找出他的仇人来。"

她淡淡地接着道:"可是我劝你不要去,你现在唯一应该做的事,就是躺下去好好睡一觉。"

叶开没有听她说完这句话,人已冲了出去。

棺已盖,却还没有上钉,薄薄的棺材,短短的人生。

韩贞的脸，看来仿佛还在沉睡，他本是在沉睡中死的。

"我们发现他的时候，他已经无救了，只好先买口棺材，暂时将他收殓，但我们却连他姓什么都不知道，只希望他还有亲戚朋友来收他的尸。"

这客栈的掌柜，倒不是个刻薄的人。

棺材虽薄，至少总比草席强。

"谢谢你。"

叶开真的很感激，但却更内疚、悔恨。若不是为了他，韩贞就不会受伤。若不是他的疏忽大意，韩贞的伤本可治好的。可是现在韩贞已死了，他却还活着。

"他怎么死的？"

"是被一柄剑钉死在床上的。"

"剑呢？"

"剑还在。"

剑在灯下闪着光。

是一柄形式很古雅的长剑，精钢百炼，非常锋利，剑背上带着松纹。

血迹已洗净，用黄布包着。

"我们店里的两个伙计，费了很大的力气，才将这柄剑拔出来。"

掌柜的在讨好邀功。

他虽然并不是刻薄的人，但也希望能得到点好处，能得到些补偿时，他也不想错过。

叶开却好像听不懂这意思。

他心里在思索着别的事：

"这一剑莫非是从窗外掷入，刺入了韩贞的胸，再钉在床上的？"

"这一掷之力实在不小。"

掌柜的又道："跟大爷你一起来住店的那位姑娘，前天晚上也回来过一次，她好像也病了，是被那位击败了南宫远的郭大侠抱回来的。"

"他们到哪里去了？"

"不知道，他们只出现了一下子。"

一个伙计补充着道："那天晚上是我当值，我刚进了院子，就看见屋里有道光芒一闪，就像是闪电一样。"

"等我赶过去时，大爷你的这位朋友已被钉死在床上。"

"然后郭大侠就抱着那位姑娘回来了，郭大侠和南宫远比剑时，我也抽空去看了，所以我认得他。"

"等我去报告了掌柜，再回去看时，郭大侠和那位姑娘又不见了。"

叶开猜得不错。

这一剑果然是从窗外掷进去的，所以这店伙计才会看见那闪电般的剑光。

等这凶手想取回他的凶器时，郭定已回来。

他是趁崔玉真已将叶开带走后，郭定还没有带丁灵琳回来前，那片刻间下手的。

那时间并不长，也许他根本没时间来取回这柄剑，也许他急切间没将剑拔出来,两个伙计,费了很大的力,才将这柄剑拔出来的。

"郭定又将丁灵琳带到哪里去了?"

"他们为什么不在这里等,又没有去找他?"

这些问题,叶开不愿去想。现在他心里只想着一件事——绝不能让韩贞白死。

他心里的歉疚悔恨,已将变为愤怒。

"这柄剑你能不能让我带走?"

"当然可以……"

叶开说走就走。

掌柜的急了:"大爷你难道不准备收你这位朋友的尸?"

"我会来的,明后天我一定来。"

叶开并不是不明白这掌柜的意思,只不过一个人囊空如洗、身无分文的时候,就只好装装傻了。

阳光灿烂。

十天来,今天是第一次看到如此灿烂的阳光。

街上的积雪已融,泥泞满路。

但街上的人却还是很多,大家都想趁这难得的好天气,出去走走。

"八方镖局"的金字招牌,在阳光下看来,气派更不凡。

一个穿着青布棉袄的老人,正在门前打扫着积雪和泥泞。

叶开大步走了过去。

他只要走得稍微快些，胸口的伤就会发疼，但他却还是走得很快。肉体上的痛苦，他一点也不在乎。

他走进院子的时候，正有两个人从前面的大厅里走出来。

一个是四十多岁的中年人，衣着很华丽，相貌很威武，手里捏着双铁胆，"叮叮当当"地响。

另一个年纪较轻，却留着很整齐的小胡子，白生生的脸，干干净净的手。

叶开迎过去。

他心情好的时候，本是个很有礼貌、很客气的人，可是他现在心情并不好。

他连抱拳都没有抱拳，就问道："这里的总镖头是谁？"

捏着铁胆的中年人上上下下看了他两眼，沉着脸道："这里的总镖头就是我。"

对一个如此无礼的人，他当然也不会太客气。

"铁胆镇八方"戴高岗，并不是好惹的人。

"你又是什么人？来找谁的？"

叶开道："我就是来找你的。"

戴高岗道："有何见教？"

叶开道："有两件事。"

戴高岗道："你不妨先说一件。"

叶开道："我要来借五百两银子，三天之内就还给你。"

戴高岗笑了,眼睛里全无笑意,冷冷地盯着叶开的胸膛:"你受了伤。"

叶开的伤口又已崩裂,血渍已渗过衣裳。

戴高岗冷冷道:"你若不想再受一次伤,就最好赶快从你来的那条路滚回去!"

叶开凝视着他,徐徐道:"我久已听说'铁胆镇八方'是个横行霸道的人,看来果然没有说错。"

戴高岗冷笑。

叶开道:"我向你借五百两银子,你可以不借,又何必再要我受一次伤?又何必要我滚回去?"

戴高岗怒道:"我就要你滚。"

他突然出手,抓叶开的衣襟,像是想将叶开一把抓起来,摔出去。

他的手坚硬粗糙,青筋暴露,显然练过鹰爪功一类的功夫。

叶开没有动。

可是他这一抓,并没有抓住叶开的衣襟。

他抓住了叶开的手。

叶开的手已迎上去,两个人十指互钩,戴高岗冷笑着轻叱一声:"断!"

他自恃鹰爪功已练到八九成火候,竟想将叶开五指折断。

叶开的手指当然没有断。

戴高岗忽然觉得对方手指上的力量竟远比他更强十倍。只要一用力,他的五根手指反而就要被折断。

——飞刀本是用指力发出的，若没有强劲的指力，怎么能发得出那无坚不摧的飞刀。

戴高岗脸色变了，额上已冒出黄豆般的冷汗。

可是叶开也并没有用力，只是冷冷地看着他，淡淡道："你拗断过几个人的手指了？"

戴高岗咬着牙，不敢开口。

叶开道："你下次要拗断别人的手指时，最好想想此时此刻。"

他突然松开手，扭头就走。

那一直背负着双手，在旁边冷眼旁观的年轻人忽然道："请留步。"

叶开停下："你有五百两银子借给我？"

这年轻人笑了笑，反问道："朋友尊姓？"

叶开道："叶。"

年轻人道："树叶的叶？"

叶开点点头。

年轻人凝视着他，道："叶开？"

叶开又点点头，道："不错，开心的开。"

戴高岗悚然动容，道："阁下就是叶开？"

叶开道："正是。"

戴高岗长长吐出口气，苦笑道："阁下为何不早说？"

叶开淡淡道："我并不是来'打秋风'的，只不过是来借而已，而且只借三天。"

戴高岗道："五百两已够？"

叶开道:"我只不过想买两口棺材。"

戴高岗不敢再问,后面已有个机警的账房送来了五百两银票。

"请收下。"

叶开并不客气,韩贞的丧事固然要办,伊夜哭的尸体也要收殓。

他并不是那种杀了人后就不管的人,他需要这笔钱。

前倨后恭的戴高岗又在问:"阁下刚才是说有两件事的。"

叶开道:"我还要打听一个人。"

戴高岗道:"谁?"

叶开道:"吕迪,'白衣剑客'吕迪。"

戴高岗脸上忽然露出种很奇怪的表情。

叶开道:"据说他已到了长安,你知不知道他在哪里?"

那留着小胡子的年轻人忽然笑了笑,道:"就在这里。"

这年轻人态度很斯文,长得很秀气,身上果然穿着件雪白的长袍,目光闪动间,带着种说不出的冷漠高傲之意。

叶开终于看清了他。

"你就是吕迪?"

"是!"

叶开解开了左手提着的黄布包袱,取出了那柄剑,反手捏住剑尖，递了过去。

"你认不认得这柄剑？"

吕迪只看了一眼："这是武当的松纹剑。"

叶开道："是不是只有武当弟子才能用这柄剑？"

吕迪道："是。"

叶开道："你是不是武当弟子？"

吕迪道："是。"

叶开道："这是不是你的剑？"

吕迪道："不是。"

叶开道："你的剑呢？"

吕迪傲然道："我近年已不用剑。"

叶开道："用手？"

吕迪一直背着双手，冷冷道："不错，有些人的手，也一样是利器。"

叶开道："可是你若要从窗外杀人，还是得用剑。"

吕迪皱了皱眉，好像听不懂这句话。

叶开道："因为你的手不够长。"

吕迪道："你这是什么意思？"

叶开道："我的意思你应该明白。"

吕迪道："你是说，我用这柄剑杀了人？"

叶开道："你不承认？"

吕迪道："我杀了谁？"

叶开道："你杀人从不问对方的名字？"

吕迪道："现在我正在问。"

叶开道："他姓韩，叫韩贞。"

"韩贞?"吕迪回过头问戴高岗,"你知不知道这个人?"

戴高岗点点头,道:"他是卫天鹏的智囊,别人都叫他铁锥子。"

吕迪目中露出了轻蔑之色,转向叶开:"这铁锥子是你的什么人?"

叶开道:"是我的朋友。"

吕迪道:"你想替他复仇?"

叶开道:"不错。"

"你认为是我杀了他的?"

叶开道:"是不是?"

吕迪傲然道:"就算是我杀的又如何?这种人莫说只杀了一个,就算杀了十个八个,也不妨一起算在我账上。"

叶开冷笑道:"你以为你是什么人?"

吕迪道:"是个不怕别人来找我麻烦的人,等你的伤好了,随时都可以来找我复仇。"

叶开道:"那倒不必。"

吕迪道:"不必?"

叶开道:"不必等。"

吕迪道:"你现在就想动手?"

叶开道:"今天的天气不错,这地方也不错。"

吕迪看着他,忽然问道:"你刚才说要买两口棺材,一口就是给韩贞的?"

叶开点点头。

吕迪道："还有一口呢？"

叶开道："给伊夜哭。"

吕迪道："红魔手？"

叶开道："是的。"

吕迪道："他已死在你手下？"

叶开道："我杀人后绝不会忘了替人收尸。"

吕迪道："好，你若死了，这两口棺材我就替你买，你的棺材我也买。"

叶开道："用不着。我若死了，你不妨将我的尸体拿去喂狗。"

吕迪突然大笑，仰面笑道："好！好极了！"

叶开道："你若死了呢？"

吕迪道："我若死了，你不妨将我的尸体一块块割下来，供在韩贞的灵位前，吃一块肉喝一口酒。"

叶开也大笑，道："好，好极了，男子汉要替朋友复仇，正当如此。"

他忽然转过身，背朝着吕迪。

因为他的伤口又已被他的大笑崩裂，又迸出了血。

阳光灿烂。

有很多人都喜欢在这种天气杀人，因为血干得快。

他自己若被杀，血也干得快。

吕迪站在太阳下，还是背负着双手。

他对自己这双手的珍惜，就像是守财奴珍惜自己的财富一样，连看都不愿被人看见。

叶开缓缓地走过去，第二次将剑递给他。

"这是你的剑。"

吕迪冷笑着接过来，突然挥手，长剑脱手飞出，"夺"地钉在五丈外的一棵树上。

剑锋入木，几乎已没至剑柄。

这一掷之力，已足够穿过任何人的身子，将人钉在床上。

叶开的瞳孔收缩，冷笑道："好，果然是杀人的剑。"

吕迪又背负起双手，傲然道："我说过，我已不用剑。"

叶开道："我听说了。"

吕迪道："你杀人当然也不用剑。"

叶开道："从来不用。"

吕迪盯着他的手，忽然问道："你的刀呢？"

他当然知道叶开的刀。

江湖中几乎已没有人不知道叶开的刀。

叶开凝视着他，等了很久，才冷冷道："刀在。"

他的手一翻，刀已在手。雪亮的刀，刀锋薄而利，在阳光下闪动着足以夺人魂魄的寒光。

若是在别人手上，这柄刀并不能算利刃，但此刻刀在叶开手上。

叶开的手干燥而稳定，就如同远山之巅。

吕迪的瞳孔也突然收缩，远在五丈外的戴高岗，却已连呼吸都已停顿。

他忽然感觉到一种从来也没有体验过的杀气。

吕迪脱口道:"好!果然是杀人的刀。"

叶开笑了笑,突然挥刀。

刀光一闪不见。

这柄刀就似已突然消失在风中,突然无影无踪。

就算眼睛最利的人,也只看见刀在远处闪了闪,就看不见了。

这一刀的力量和速度,绝没有任何人能形容。

吕迪已不禁悚然动容,失声问:"你这是什么意思?"

叶开淡淡道:"你既不用剑,我为何要用刀?"

吕迪凝视着他,眼睛里已露出很奇怪的表情,过了很久,忽然伸出手:"你看看我的手。"

在别人看来,这并不能算是只很奇特的手。

手指是纤长的,指甲剪得很短,永远保持得很干净,正配合一个有修养的年轻人。

但叶开却已看出了这只手的奇特之处。

这只手看来竟似完全没有经络血脉,光滑细密的皮肤,带着股金属般的光泽。

这只手不像是骨胳血肉组成,看来就像是一种奇特的金属,不是黄金,却比黄金更贵重,不是钢铁,却比钢铁更坚硬。

吕迪凝视着自己这只手,徐徐道:"你看清了,这不是手,这是杀人的利器。"

叶开不能不承认。

吕迪道:"你知道家叔?"

他说的就是"银戟温侯"吕凤先。

叶开当然知道。

吕迪道:"这就是他昔日练的功夫,我的运气却比他好,因为我七岁时就开始练这种功夫。"

吕凤先是成名后才开始练的,只练成了三根手指。

吕迪道:"他练这种功夫,只因他一向不愿屈居人下。"

兵器谱上排名,温侯银戟在天机神棒、龙凤双环、小李飞刀和嵩阳铁剑之下。

吕迪道:"百晓生做兵器谱后,家叔苦练十年,再出江湖,要以这只手,和排名在他之上的那些人争一日之短长。"

他没有再说下去。

因为吕凤先败了,败在一个女人手下。

一个美丽如仙子,却专引男人下地狱的女人——林仙儿。

吕迪道:"家叔也说过,这已不是手,而是杀人的利器,已可列名在兵器谱上。"

叶开一直在静静地听着,他知道吕迪说的每个字都是真实的。

他从不打断别人的实话。

吕迪已抬起头,凝视着他,道:"你怎么能以一双空手,来对付这种杀人的利器?"

叶开道:"我试试。"

吕迪不再问,叶开也不再说。现在无论再说什么,都已是多余的。

阳光灿烂。

可是这阳光灿烂的院子,现在却忽然充满了一种说不出的肃杀之意。

戴高岗忽然觉得很冷。

他穿的衣服很温暖,阳光也很温暖,可是他忽然觉得百般寒意,也不知从哪里钻了出来,钻入了他衣领,钻入了他的心。

刀已飞入云深处,剑已没入树里。

这既不是刀寒,也不是剑气,却比刀锋剑刃更冷,更逼人。

戴高岗几乎已不愿再留在这院子里,可是他当然也舍不得走。

无论谁都可以想象得到,这一战必将是近年来最惊心动魄的一战,必将永垂武林。

能亲眼在旁边看着这一战,也是一个人一生中难得的际遇。

无论谁都不愿错过这机会的。

戴高岗只希望他们快些开始,快些结束。

可是叶开并没有出手。

吕迪也没有。

连戴高岗这旁观者,都已受不了这种无形的可怕压力,但他们却像是根本无动于衷。

是不是因为这压力本就是他们自己发出来的,所以他们才感觉不到?

抑或是因为他们本身已变成了一块钢、一块岩石,世上已没有任何一种压力能动摇他们?

戴高岗看不出。

他只能看得出,叶开的神态还是很镇定,很冷静,刚才因仇恨而生出的怒火,现在已完全平息。

他当然知道,在这种时候,愤怒和激动并不能制胜,却能致命。

吕迪的傲气也已不见了,在这种绝不能有丝毫疏忽的生死决战中,骄傲也同样是种致命的错误。

骄傲、愤怒、颓丧、忧虑、胆怯……都同样可以令人判断错误。

戴高岗也曾看见不少高手决战,这些错误,正是任何人都无法完全避免的。

可是现在,他忽然发现这两个年轻人竟似连一点错误也没有。他们的心情,他们的神态,他们站着的姿势,都是绝对完美的。

这一战究竟是谁能胜?

戴高岗也看不出。他只知道有很多人都认为叶开已是当今武林中,最可怕的一个敌手。

他也知道有人说过,现在若是重作兵器谱,叶开的刀,已可名列第一。

可是他现在没有刀。

虽然没有刀,却偏偏还是有种刀锋般的锐气、杀气。

叶开能胜吗?戴高岗并不能确定。

他也知道吕迪的手,已可算是天下武林中,最可怕的一双手。这双手已接近金刚不坏,已没有任何人能将这双手毁灭。

吕迪是否能胜,戴高岗也不能确定。

叶开看来实在太镇定,太有把握,除了刀之外,他一定还有种更可怕的武功,一种任何人都无法思议也想不到的武功。

现在若有人来跟戴高岗打赌,他也可能会说叶开胜的。他认为叶开胜的机会,至少比吕迪多两成。

可是他错了。

因为他看不出叶开此刻的心情,也看不出叶开已看出的一些事。

一些已足够令叶开胃里流出苦水来的事。

自从吕迪的剑掷出后,叶开已对这个骄傲的年轻人起了种惺惺相惜的好感。

可是他听过两句话:

"仇敌和朋友间的分别,就正如生与死之间的分别。"

"若有人想要你死,你就得要他死,这其间绝无选择。"

这是阿飞对他说过的话。

阿飞是在弱肉强食的原野中生长的,这正是原野上的法则,也是生死的法则。在这种生死一瞬的决战中,绝不能对敌人存友情,更不能有爱心。

叶开明白这道理。他知道现在他制胜的因素,并不是快与狠,而是稳与准。

因为吕迪很可能比他更快,更狠。

因为现在他的胸膛,正如火焰燃烧般痛苦,他的伤口不但已崩裂,竟已在溃烂。

"妙手郎中"给他的,并不是灵丹,也不会造成奇迹。

痛苦有时虽能令人清醒振奋,只可惜他的体力,已无法和他的精神配合。所以他一出手,就得制对方的死命,至少要有七成把握时,他才能出手。

他所以必须等,等对方露出破绽,等对方已衰弱,崩溃,等对方给他机会。

可是他已失望。直到现在,他还是无法从吕迪身上找出一点破绽来。

吕迪看来只不过是随随便便地站着,全身上下,每一处看来都仿佛是空门。

叶开无论要从什么地方下手,看来好像都很容易。

可是他忽又想到了小李探花对他说过的话,昔年阿飞与吕凤先的那一战,只有李寻欢是在旁边亲眼看着的。

那时的吕凤先,正如此刻的吕迪。

"那时阿飞的剑,仿佛可以随便刺入他身上任何部位。"

"但空门太多,反而变成了没有空门。"

"他整个的人都似已变成了一片空灵。"

"这空灵二字,也正是武学中至高至深的境界。"

"我的飞刀出手,至少有九成把握。"

"但那时我若是阿飞,我的飞刀就未必敢向吕凤先出手。"

只要是李寻欢说过的话,叶开就永远都不会忘记。

现在吕迪其人是不是也已成了一片空灵?

叶开忽然发觉自己低估了这个年轻人,这个人才真正是他平生未曾遇见的高手。

他虽然并没有犯任何致命的错误,可是他却已失去一点最重要的制胜因素。

他已失去了制胜的信心。

吕迪冷冷地看着他,眼睛愈来愈亮,愈来愈冷酷,忽然又说出了三个字:"你输了。"

"你输了。"

叶开还未出手,吕迪就已说他输了。

这三个字并不是多余的,却像是一柄剑,又刺伤了叶开的信心。

叶开居然没有反驳。

因为他忽然发现吕迪终于给了他一点机会——一个人在开口说话时,精神和肌肉都会松弛。

他面上露出痛苦之色,因为他知道自己若是表现得愈痛苦,吕迪就愈不会放过他的。

在这种生死决战中,若有法子能折磨自己的对手,无论谁都不会放过的。

吕迪果然又冷冷地接着道:"你的体力已无法再支持下去,迟早一定会崩溃,所以你不必出手,我已知道你输了。"

就在他说出最后一个字的时候,叶开已出手。

这已是他所能找到的最好机会。

吕迪刚说完了这句话,正是精神和肌肉最松弛的时候。

他的身形虽然还是没有破绽,但叶开已有机会将破绽找出来。

叶开没有用刀。

可是他出手的速度,并不比他的刀慢。

他的左手虚捏如豹爪、鹰爪,右手五指屈伸,谁也看不出他是要用拳,用掌?是要用鹰爪功,还是要用铁指功?

他的出手变化错落,也没有人能看得出他攻击的部位。

他必须先引动吕迪的身法,只要一动,空门就可能变实,就一定会有破绽露出。

吕迪果然动了,他露出的空门是在头顶。

叶开双拳齐出,急攻他的头顶,这是致命的攻击。可是他自己的心却已沉了下去,因为他已发觉,自己这一招露出,前胸的空门也露了出来。

胸膛正是他全身最脆弱的一环,因为他胸膛上本已有了伤口。

无论谁知道自己身上最脆弱的部位,可能受人攻击时,心都会虚,手都会软了。

叶开的攻势已远不及他平时之强,速度已远不如他平时快。

他忽然发觉,这破绽本是吕迪故意露出来的。

吕迪先故意给他出手的机会,再故意露出个破绽,为的只不过是要他将自己身上最脆弱的部位暴露。

这正是个致命的陷阱,但是他竟已像鸽子般落了下去。他再想补救,已来不及了。

吕迪的手,忽然已到了他的胸膛。

这不是手,这本就是杀人的利器。

戴高岗已悚然变色。

现在他才知道自己刚才看错了,他已看出这是无法闪避的致命攻击。

谁知就在这时,叶开的身子忽然凭空掠起,就像是忽然被一阵风吹起来的。没有人能在这种时候,这种姿态中飞身跃起,这几乎是不可能的事。

但叶开的轻功,竟已达到了"不可能"的境界。

戴高岗忍不出失声大呼:"好轻功!"

吕迪也不禁脱口赞道:"好轻功。"

这两句话他们同时说出,这个字还没有说完,叶开已凭空跌下。

吕迪的手,已打在他胯骨上。

叶开使出那救命的一掌时,知道自己躲过了吕迪第一招,第二招竟是再也躲不过的了。

他身子凌空翻起时，后半身的空门已大破。他只有这么样做，他的胸膛已绝对受不了吕迪那一击。

可是胯骨上这一击也同样不好受。

他只觉得吕迪的手，就像是一柄钢锥，锥入了他的骨缝里。

他甚至可以听得见自己骨头碎裂的声音。

地也是硬的。

叶开从没有想到，这满是泥泞的土地，也是硬得像铁板一样。

因为他跌下来时，最先着地的一部分，正是他的骨头已碎裂的那一部分。

他几乎已疼得要晕了过去。

他忽又警醒，因为他发现吕迪的手，又已到了他的胸膛。这一来他才是真正无法闪避的，也无法伸手去招架。

他的手是手，吕迪的手却是杀人的利器。

死是什么滋味？

叶开还没有开始想，就听戴高岗大呼："手下留情。"

吕迪的手已停顿，冷冷道："你不要我在这里杀他？"

戴高岗叹了口气，道："你何必一定要杀他？"

吕迪道："谁说我要杀他？"

戴高岗道："可是你……"

吕迪冷笑道："我若真的要杀他，凭你一句话就能拦得住?"

戴高岗苦笑,他知道自己拦不住,世上也许根本没有人能拦得住。

吕迪道:"我若真的要杀他,他已死了十次。"

这并不是大话。

叶开看着这骄傲的年轻人,痛苦虽已令他的脸收缩,但是他的一双眼睛,反而变得出奇地平静,甚至还带着笑意。

他为什么笑?

被人击败,难道是件很有趣的事?

吕迪已转过头,盯着他,忽然问道:"你可知道我为什么不杀你?"

叶开摇摇头。

吕迪道:"因为你本已受了伤,否则以你轻功之高,纵然不能胜我,我也无法追上你。"

叶开笑了:"你根本用不着追,因为我纵然不能胜你,也不会逃的。"

吕迪又盯着他,过了很久,才慢慢地点了点头:"我相信。"

他眼睛里也露出种和叶开同样的表情,接着道:"我相信你绝不是那种人,所以我更不能杀你,因为我还要等你的伤好了以后,再与我一决胜负。"

叶开道:"你……"

吕迪打断他的话,道:"就因为我相信你不会逃,所以知道你一定会来的。"

叶开道:"到了那一天,我还真败在你手下,你就要杀我了?"

吕迪点点头:"到了那一天,你若胜了我,我也情愿死在你手下。"

叶开叹了口气,道:"世事如棋,变化无常,你又怎知我们一定能等到那一天?"

吕迪道:"我知道。"

突听墙外一人叹息着道:"但有件事你却不知道。"

吕迪没有问,也没有追出来看看。

他在听。

墙外的人徐徐道:"今日你若真的想杀他,现在你也已是个死人了,他身上并不止一把刀。"

吕迪的瞳孔突然收缩。

就在他瞳孔收缩的一刹那间,他人已蹿出墙外。

戴高岗没有跟出去,却赶过来,扶起了叶开,叹息着道:"我实在想不到你居然会败。"

叶开却在微笑:"我也想不到你居然会救我。"

戴高岗苦笑道:"并不是我救你的,我也救不了你。"

叶开道:"只要你有这意思,就已足够。"

戴高岗勉强笑了笑,忽然站起来,大声吩咐:"套马备车。"

第十六章

虎穴娇娃

车厢很宽大,很舒服。

这本是借给托运镖货的客商们,走远路时坐的。

八方镖局不但信用极好,为客人们想得也很周到。

叶开想不到戴高岗居然是个很周到的人。

他先在车厢里垫起了很厚的棉被,又自己扶着叶开坐上车。

"你伤得不轻,一定要赶快去找个好大夫。"

他的周到和关心,已使得叶开不能不感激。

叶开叹了口气,苦笑道:"你本不该这么样对我的,我对你的态度并不好。"

戴高岗道:"无论谁在你当时那种心情下,态度都不会好的。"

叶开叹道:"看来我不但低估了吕迪,也看错了你。"

戴高岗也叹了口气,道:"他的确是我生平未见的高手,却还是未必能比得上你。"

叶开道:"我已败了。"

戴高岗道:"可是他若真的要杀你,现在也已死在你手下。"

叶开道:"你也相信这句话?"

戴高岗点点头。

叶开凝视着他,忽然问道:"你知不知道在墙外说这句话的人是谁?"

戴高岗摇摇头:"我正想问你,你一定知道他是谁的。"

叶开道:"为什么?"

戴高岗道:"我想他一定是你的朋友。"

叶开道:"哦!"

戴高岗道:"因为他不但帮你说出了你不愿说的话,而且生怕吕迪再下毒手,所以故意将他引开。"

叶开又叹了口气,道:"你想得的确很周到,却想错了。"

戴高岗道:"这个人不是你的朋友?"

叶开苦笑道:"我本来也以为他是我的朋友。"

戴高岗道:"现在呢?"

叶开道:"现在我只希望以前从来没有见过他,以后也永远不要见到他。"

戴高岗道:"你知道他是什么人?"

叶开没有回答这句话,却反问道:"你要带我去找的大夫是谁?"

戴高岗道:"那个大夫也是个很古怪的人,医道却很高。"

叶开忽然笑了笑,道:"我昨天也认得了一个很古怪、医道很高明的郎中。"

戴高岗也笑了,道:"医道高明的大夫,脾气好像都有点古怪的,就正如真正的武林高手,脾气也都有点古怪一样。"

叶开微笑着,道:"你的脾气并不古怪。"

戴高岗道:"我怎么能算武功高手?"

叶开道:"但我却知道,近年来八方镖局保的镖,从来也没有出过一次岔子。"

戴高岗笑道:"那只不过因为我这两年来的运气不错,而且有很多好朋友照顾。"

叶开慢慢地点了点头,道:"我相信你一定有很多好朋友。"

戴高岗还想再说什么,但叶开却已闭上了眼睛。

他看来的确很疲倦,他并不是铁打的。

戴高岗又拉过条棉被,轻轻地盖在他身上,脸上却带着种很奇怪的表情。

看他这种表情,就好像恨不得用这条棉被蒙起叶开的头,活活地闷死这个人。

但他却只不过将棉被盖到叶开身上。

叶开似已睡着。

现在就算真的有人要用棉被闷死他,他既不会知道,更不能反抗。

所以他真的睡着了。

日正当中，正午。

马车还在继续往前走，旅程仿佛还有很长。

"你一定要赶快找个好大夫……"

可是戴高岗要找的这好大夫，却未免住得太远了些。

他看着沉睡中的叶开，嘴里正在咀嚼着一条鸡腿。

他早已有准备，准备要走很长的路，所以连午饭都准备在车上。

他本就是个很周到的人。

但却只有一个人吃的午饭，只有一条鸡腿，一块牛肉，一张饼，一瓶酒。

他竟似早已算准了叶开要睡着，因为临上车之前，他给叶开喝了一碗保养元气的参汤。

牛肉卤得不错，鸡腿的滋味也很好，虽然比不上他平时吃的午饭，可是在执行任务时，一切事都不能不将就些的。

他虽然是个很讲究饮食的人，现在也已觉得很满意了。

何况，现在他的任务眼看着就已将完成，再过一个多时辰，就可以将叶开交出去，他还来得及赶回去享受一顿丰富的晚餐。

喝完了最后一口酒，他忽然也觉得很疲倦。

他本没有睡午觉的习惯，可是现在能趁机小睡半个时辰也不错，精神养足了，晚餐后还可以安排一两个有趣的节目。

车子在摇动，就像是摇篮一样。

他闭上了眼睛,心里已开始在计划着晚上应该去找谁:是那个最会撒娇的小妖精,还是那个功夫特别好的老妖精?

这些节目都是很费钱的,但他却已有两年不必再为金钱烦恼。

"也许应该把两个都找来,比较比较。"

所以现在必须养足精神。

他嘴角带着微笑,终于睡着。

他好像只睡了一下子,可是他醒来的时候,叶开竟也不见了。

车门还是关着的,马车还在继续前行。

叶开却已无影无踪。

戴高岗的脸色突然苍白,大声吩咐:"停车!"

他冲下去,拉住了那个赶车的:"你有没有看见那姓叶的下车?"

"没有。"

"他人呢?"

赶车的冷笑:"你跟他一起在车里,你不知道,我怎么知道?"

这赶车的显然不是他的属下,对他的态度并不尊敬。

戴高岗忽然觉得胃部收缩,忍不住要将刚吃下去的鸡腿和牛肉全吐出来。

赶车的一双眼睛却在盯着他,冷冷道:"你最好还是赶快上车,跟我一起去交差。"

戴高岗并没有想逃,他知道无论逃到什么地方去,都没有用的。

马车开始往前走的时候,他就伏在车窗上,不停地呕吐。

恐惧就像是臭鱼一样,总是会令人呕吐。

马车转过一个山坳,前面一块很大的木牌,上面写着:"此山有虎,行人改路。"

可是这辆车却没有改路,路却愈来愈窄,仅能容这辆车擦着山壁走过。

再转过一个山坳后,前面竟是一条街道。

一条和城里一样非常热闹的街道,两旁有各式各样的店铺,街上有各式各样的人。

你若仔细去看,就会发现这条街道和城里最热闹的街道竟是完全一模一样的,连街道两旁的店铺,招牌都完全一样。

到了这里,无论谁都会以为自己忽然又回到了长安城里。

可是走过这条街,前面就又是一片荒山。

现在马车的速度已缓了下来。街上的行人,神情仿佛都很悠闲,好像并没有特别注意这辆大车。

因为他们认得这辆车,也认得这个赶车的人。

若是个陌生的人,赶着车走入这条街道,无论他是谁,不出一刹那,他就会死在街头。

这条街上当然不会有猛虎,却有个比猛虎更可怕的人。

马车已驶入了一家客栈的院子。

这家客栈的字号是"鸿宾",也正和叶开在城里投宿的那一家,完全一模一样。

一个肩上搭着抹布,手里提着水壶的伙计,已迎了上来:"戴总镖头是一个人来的?"

戴高岗勉强笑了笑,道:"只有一个人。"

伙计脸上全无表情:"房间早已替总镖头准备好了,请随我来。"

后面的跨院里,有七间很宽大的套房,也正和玉箫道人住的那个跨院一样。

前面的客厅里,桌上已摆好了一壶酒,一个很精致的七色拼盘。

一个人正背对着门,在自斟自饮。

一个发髻堆云,满头珠翠,穿得非常华丽的绝代佳人。

戴高岗垂着头走进来,垂着头站在她身后,连大气都不敢出。

她没有回头,慢慢地端起酒杯,浅浅地啜了口酒,才问道:"你一个人来的?"

戴高岗道:"是。"

"还有个人呢?"

"走了。"戴高岗的声音已在发抖。

这绝色丽人已缓缓地回过头,脸上带着种仙子般的微笑。

上官小仙！

她当然就是上官小仙。

戴高岗看见了这仙子般美丽的女人，却远比看见了恶魔还恐惧。

上官小仙看着他，柔声道："你难道是在说，叶开已走了？"

戴高岗点了点头，牙齿打战，似已连话都说不出。

上官小仙道："我要你替他准备的那碗参汤，他没有喝？"

"他……他喝了。"

上官小仙道："然后呢？"

戴高岗道："然后我就扶他上了车。"

虽然是严冬，但他却已满头大汗。

上官小仙道："在车上他睡着了没有？"

戴高岗道："睡着了。"

上官小仙道："他的伤势怎么样？"

戴高岗道："伤得不轻。"

上官小仙叹了口气，道："这我就不懂了，一个受了重伤又睡着了的人，你怎么会放他走的。"

戴高岗接着道："我……我没有放他走。"

上官小仙道："我也知道是他自己要走的，可是你难道就不能留住他？"

戴高岗的汗愈擦愈多："他走的时候，我根本不知道。"

上官小仙道："你跟他不是坐一辆车来的？"

戴高刚道:"是。"

上官小仙道:"这又奇怪了,你跟他坐在一辆车上,他走的时候,你怎么会不知道?"

戴高岗道:"因为……因为……因为我也睡着了。"

他终于鼓足了勇气,说出了这句话。

上官小仙忽然笑了,笑得又温柔,又甜蜜:"我知道你一定也很累,最近你一直都忙得很。"

戴高岗脸上已无人色:"我……我不累,一点也不累。"

上官小仙柔声道:"你的应酬那么多,不但要应酬客人,还得要应酬那些大大小小的妖精,怎么会不累呢?"

她轻轻叹息着,又道:"我想你已经应该好好的休息一阵子了,我就先让你休息二十年吧。"

戴高岗失声道:"二……二十年?"

上官小仙淡淡道:"二十年后,你一定又是条生龙活虎般的好汉了。"

她掌里拿着双镶银的象牙筷子,忽然向戴高岗咽喉点了过去。

戴高岗没有闪避。他不敢闪避,也根本不能闪避。

上官小仙的出手,这世上已很少有人能闪避得开。

但是,就在这一刹那间,突然有刀光一闪。

"叮"的一声,上官小仙手里的象牙筷子已从中而断,刀光的劲力未绝,又飞了出去,"当"的一声,钉在墙上。

一柄三寸七分长的刀。

飞刀!

飞刀钉在墙上,刀锋竟已完全钉了进去。

一个人手扶着门,慢慢地走了进来。

叶开!

叶开居然还是来了。

他的飞刀出手,杀人的时候少,救人的时候多。

他的脸上没有什么血色,挣扎着走过来,拍了拍戴高岗的肩:"你救我一次,我也救你一次,现在我们的人情已结清。"

上官小仙又笑了:"我说得果然不错,你身上果然带着不止一把刀的。"

叶开也笑了笑:"吕迪呢?"

上官小仙道:"他怎么会追得上我?"她凝视着叶开,笑得更温柔,"除了你之外,世上还有什么男人能追得上我?"

这是句很有趣的双关语,有趣极了。

叶开却听不懂。

——装傻就是他拿手的本领之一。

他甚至连看都没有看她,目光四面打量着,长长叹了口气,道:"这真是个好地方。"

上官小仙道:"你喜欢这地方?"

叶开道:"我若一直睡着,到现在才醒,一定以为还在城里,一定想不到金钱帮的总舵会在这么样一个地方。"

上官小仙叹道:"只可惜你好像是不肯好好睡一下的。"

叶开淡淡道:"我的应酬并不多,认得的妖精也只有一个,所以我总是不太累。"

上官小仙当然知道他说的妖精是谁,可是她装傻的本事也绝不比叶开差。

她吃吃地笑着道:"我本来以为你会很累的,最近我看到你的时候,你总是在床上,床上的妖精,却不止一个,所以特地叫人替你准备了碗参汤,养养你的元气,谁知你居然不领情。"

叶开道:"我已领过了情。"

上官小仙眨着眼,道:"那碗参汤你真的喝了下去?"

叶开道:"只可惜那碗参汤下的补药还不够,若要叫我真的睡一觉,最少也得用十来斤补药才行。"

上官小仙叹了口气,道:"这只怪我,竟忘了你是魔教中大公主的大少爷。"

叶开道:"所以你不能怪戴总镖头,我相信他自己都不知道自己是怎么会睡着的。"

上官小仙道:"可是你知道。"

叶开道:"我一上车,就发现了他为他自己一个人准备的酒菜。"

上官小仙道:"你身上难道也总是带着能令人睡着的补药?"

叶开笑了笑道:"我只不过吐了点口水在他鸡腿

上。"

上官小仙又笑了："你的口水里还有参汤？"

叶开道："所以那条鸡腿的滋味一定很不错。"

戴高岗垂着头，脸上的表情，就像是忽然被人塞了一嘴烂泥。

上官小仙道："你怎么知道这位戴总镖头是想带你来找我的？"

叶开笑了笑，道："口水里的一点参汤，就能让人睡着，那种参汤除了你之外，还有谁能做得出？"

上官小仙道："你既然已走了，为什么还要来？"

叶开也叹了口气，道："因为我好像已没有别的地方可去。"

这是实话。

读客文化将出版以下古龙经典作品

《小李飞刀：多情剑客无情剑》
《小李飞刀2：边城浪子》
《小李飞刀3：九月鹰飞》
《小李飞刀4：天涯·明月·刀》
《陆小凤传奇：金鹏王朝》
《陆小凤传奇2：绣花大盗》
《陆小凤传奇3：决战前后》
《陆小凤传奇4：银钩赌坊》
《陆小凤传奇5：幽灵山庄》
《陆小凤传奇6：凤舞九天》
《陆小凤传奇7：剑神一笑》
《楚留香新传：借尸还魂》
《楚留香新传2：蝙蝠传奇》
《楚留香新传3：桃花传奇》
《楚留香新传4：新月传奇·午夜兰花》
《七种武器：长生剑·孔雀翎》
《七种武器2：碧玉刀·多情环》
《七种武器3：离别钩·霸王枪》
《七种武器4：愤怒的小马·七杀手》
《萧十一郎》

- 《火并萧十一郎》
- 《绝代双骄》
- 《欢乐英雄》
- 《三少爷的剑》
- 《流星·蝴蝶·剑》
- 《武林外史》
- 《白玉老虎》
- 《圆月弯刀》
- 《大人物》
- 《绝不低头》
- 《碧血洗银枪》
- 《彩环曲》
- 《苍穹神剑》
- 《大地飞鹰》
- 《风铃中的刀声》
- 《护花铃》
- 《剑毒梅香》
- 《剑客行》
- 《猎鹰·赌局》
- 《名剑风流》
- 《飘香剑雨》
- 《七星龙王》
- 《失魂引》
- 《血鹦鹉》
- 《英雄无泪》
- 《游侠录》
- 《月异星邪》

激发个人成长

多年以来,千千万万有经验的读者,都会定期查看熊猫君家的最新书目,挑选满足自己成长需求的新书。

读客图书以"激发个人成长"为使命,在以下三个方面为您精选优质图书:

1. 精神成长
熊猫君家精彩绝伦的小说文库和人文类图书,帮助你成为永远充满梦想、勇气和爱的人!

2. 知识结构成长
熊猫君家的历史类、社科类图书,帮助你了解从宇宙诞生、文明演变直至今日世界之形成的方方面面。

3. 工作技能成长
熊猫君家的经管类、家教类图书,指引你更好地工作、更有效率地生活,减少人生中的烦恼。

每一本读客图书都轻松好读,精彩绝伦,充满无穷阅读乐趣!

认准读客熊猫

读客所有图书,在书脊、腰封、封底和前后勒口都有"读客熊猫"标志。

两步帮你快速找到读客图书

1. 找读客熊猫   2. 找黑白格子

马上扫二维码,关注"熊猫君"

和千万读者一起成长吧!